Ab 7. Schuljahr

Friedhelm Heitmann

Vom Absolutismus zur Französischen Revolution

Klar strukturierte Arbeitsblätter für einen informativen Überblick

Lernen mit Erfolg
KOHL VERLAG
www.kohlverlag.de

Vom Absolutismus zur Französischen Revolution

3. Auflage 2025

Inhalt: Friedhelm Heitmann
Coverbild: © pict rider - AdobeStock.com
Redaktion: Kohl-Verlag
Grafik & Satz: Kohl-Verlag
Druck: Elanders Druck, Waiblingen

Bestell-Nr. 12 338

ISBN: 978-3-96624-011-6

Bildquellen © AdobeStock.com
Titel: pict rider; **S.2**: Africa Studio; **S.11**: ThomasLENNE; **S.18**: Erica Guilane-Nachez; **S.19**: flyingmovies; **S.20**: caifas, Erica Guilane-Nachez; **S.22**: Emilio Ereza; **S.24**: fogbird; **S.26+27**: pict rider; **S.28**: orion_eff; **S.29**: Juergen; **S.33**: lawcain; **S.44+94**: pixelfreund; **S.45**: Juulijs; **S.48:** rob z; **S.50**: Erica Guilane-Nachez; **S.51**: neko92vl; **S.57**: mozZz; **S.69**: Morphart, Juulijs; **S.81**: Vectorfair, Yeti Studio; **S.83+84**: pict rider; **S.85**: Emilio Ereza

Bildquellen © wikicommon.org (gemeinfrei): alle restlichen Bilder

Kontakt: Kohl-Verlag, An der Brennerei 37-45, 50170 Kerpen
Tel: +49 2275 331610, Mail: info@kohlverlag.de

Inhalt

KOHL VERLAG Vom Absolutismus zur Französischen Revolution – Bestell-Nr. 12 338

Inhalt

Vorwort

Liebe Kolleginnen und Kollegen,

das Fach Geschichte ist lehrreich. Hieran orientiert befasst sich der vorliegende Band mit dem Verlauf der Geschichte vom Absolutismus bis zur (Großen) Französischen Revolution – Themen, die in den Lehr- und Bildungsplänen der BRD-Bundesländer als verbindlich für den Unterricht fest verankert sind.

Im dargebotenen Band wird gemäß der chronologischen Reihenfolge zuerst der Absolutismus behandelt – exemplarisch am Beispiel des französischen Königs Ludwig XIV. Daran schließt sich im Band das Thema Zeitalter der Aufklärung an. Der aufgeklärte Absolutismus – hauptsächlich aufgezeigt am Beispiel des preußischen Königs Friedrich II. – knüpft an die Aufklärung an. Schließlich setzt sich der Band intensiv mit der (Großen) Französischen Revolution auseinander.

Zielsetzung des präsentierten Bandes sind die Vermittlung, Festigung sowie Überprüfung von wesentlichen Kenntnissen und Erkenntnissen zu den genannten Themen. Die präsentierten Materialien sind in erster Linie vorgesehen für den Einsatz in der Sekundarstufe I, manche Seiten können auch in Grundkursen der Sekundarstufe II benutzt werden. Bei den Aufgaben im vorliegenden Band heißt es zum einen für die Schülerinnen und Schüler, Textverständnis sowie sprachliches Ausdrucksvermögen zu beweisen. Zum anderen gilt es des Öfteren, die eigene Meinung zu Ereignissen und Entwicklungen zu äußern. Auch werden Präsentationen (Vorträge) von den Schülerinnen und Schülern verlangt. Zudem gibt es Tests/Arbeiten zu den Themen, wobei die Fragen relativ offen („Was kannst du sagen über ...?") gestellt sind.

Die vorliegenden Materialien entstanden im Laufe meiner langjährigen Tätigkeit als Lehrer in Hamburg und bewährten sich. Sie trugen zu besseren historischen Kenntnissen und Erkenntnissen der von mir unterrichteten Heranwachsenden bei. Die umfangreiche Materialsammlung ist als Ganzes im Unterricht verwendbar, aber auch in Auszügen daraus. Für die Entdeckung von Fehlern im Band sowie sonstige Verbesserungsvorschläge bedanken wir uns hiermit im Voraus.

Viel Erfolg beim Umsetzen dieses Konzeptes wünschen Ihnen das Team des Kohl-Verlages und

Friedhelm Heitmann

1 Der Absolutismus

Der Absolutismus (Einführung in das Thema)

Niccolò Machiavelli in ei-nem Bildnis von Santi di Tito.

In weiten Teilen Europas setzte sich im 17. sowie 18. Jahrhundert der Absolutismus als Herrschaftsform durch und dominierte. Nach dem Zurückdrängen des Einflusses von Ständen (Geistlichkeit, Adel) regierten die jeweiligen Herrscher in ihrem Territorium unumschränkt, mit anderen Worten, sie besaßen die alleinige Macht. Die Bezeichnung Absolutismus ist abgeleitet vom lateinischen Wort „absolutus“ (= losgelöst, befreit). Damit war zum einen gemeint „legibus absolutus“ (= losgelöst, befreit von Gesetzen), im Weiteren gehörte dazu, die Herrscher waren nicht abhängig von anderen Personen(kreisen). Andere Personen(kreise) besaßen höchstens Beraterfunktion.

Staatstheoretiker wie u. a. N. Machiavelli und J. Bodin ebneten in Schriften den Weg für den Absolutismus und rechtfertigten ihn. Der Italiener N. Machiavelli (1469 -1527) trat für eine sehr starke Staatsgewalt ein. Der einzelne Bürger habe sich dieser Staatsgewalt ganz und gar unterzuordnen. Nach dem Franzosen J. Bodin (1530-1596) dürfe der Herrscher frei über Gesetze bestimmen und habe die höchste Befehlsgewalt. So manche Herrscher im Zeitalter des Absolutismus verstanden sich, von Gott die Macht erhalten zu haben (= Herrscher von Gottes Gnaden) und in seinem Sinn zu handeln.

Aufgabe 1: *Beantworte in vollständigen Sätzen:*

1. In welchem ungefähren Zeitraum herrschte in weiten Teilen Europas der Absolutismus?

___

2. Was ist mit dem Begriff Absolutismus gemeint?

___

3. Wie ist die Bezeichnung Absolutismus vom Wort her zu erklären?

___

4. Was taten u.a. N. Machiavelli und J. Bodin in Bezug auf den Absolutismus?

___

5. Wofür setzte sich N. Machiavelli ein?

___

6. Welche Ansichten vertrat J. Bodin?

___

7. Wie verstanden und erklärten einige absolutistische Herrscher ihren Machtanspruch?

___

KOHL VERLAG Vom Absolutismus zur Französischen Revolution – Bestell-Nr. 12 338

1 Der Absolutismus

Ludwig XIV. – Lebenslauf

Aufgabe 1: **a)** *Bringe die folgenden 10 Sätze in die richtige chronologische Reihenfolge.*

	Der Kardinal Mazarin führte als Premierminister bis zu seinem Tod im Jahr 1661 die Regierungsgeschäfte für Ludwig XIV.
	Im Jahr 1715 verstarb Ludwig XIV. im Schloss Versailles.
	Nach dem Tod seines Vaters wurde Ludwig XIV. ganz jung französischer König.
	Der bekannteste Vertreter und ein exemplarisches Beispiel für einen absolutistischen Herrscher ist Ludwig XIV.
	Ludwig XIV. ging es von nun an darum, alle Macht auf sich zu konzentrieren sowie die Macht Frankreichs noch weiter auszubauen.
	Er wurde im Jahr 1638 als ein Sohn des französischen Königs Ludwig XIII. im königlichen Schloss Saint-Germain-en-Laye (in der Nähe von Paris) geboren.
	54 Jahre regierte Ludwig XIV. in Frankreich und prägte den Staat.
	Mazarin bereitete Ludwig XIV. auf seine Rolle als König und die damit verbundenen Aufgaben vor.
	Nachdem Mazarin verstorben war, übernahm Ludwig XIV. sehr aktiv die Regierungsgeschäfte.
	Schon vor der Regierungsübernahme durch Ludwig XIV. war Frankreich ein gefestigter, mächtiger Staat in Europa.

Ludwig XIV. als Zehnjähriger, Gemälde von Justus van Egmont (1648)

b) *Schreibe jetzt die 10 Sätze in der richtigen chronologischen Reihenfolge auf.*

Ludwig XIV. – ein Gemälde

Herrscherbilder wurden in früheren Zeiten ganz bewusst angefertigt, um die Position und die Bedeutung einer herrschenden Person in einer bestimmten Art und Weise zu zeigen. Die Art der Darstellung war bis ins kleinste Detail durchdacht. Ausgestattet wurden die dargestellten Herrscher oftmals mit den typischen Herrschaftsinsignien (= Herrschaftszeichen).

Französicher König Ludwig XIV. (1638-1715)

Aufgabe 1: *Betrachte das bekannte Gemälde Ludwigs XIV. (im Original ca. 2 m • 3 m), das Hyacinthe Rigaud 1701 im Auftrag des Königs anfertigte. Erkläre, wie das Bild den absolutistischen Machtanspruch des Königs ausdrücken soll.*

1 Der Absolutismus

Die Macht des „Sonnenkönigs“

Aufgabe 1: *Setze die folgenden 10 Wörter im anschließenden Text an der jeweils richtigen Stelle ein.*

Andersgläubigen – Frankreich – Frieden – Gefahr – Gewalt – Glauben – Ruhm – Staat – Staatsoberhaupt – Wohl

1. Ludwig XIV. übte in Frankreich auf höchster Ebene die gesetzgebende, ausführende und richterliche ____________________ aus.
2. Auch repräsentierte Ludwig XIV. Frankreich als ____________________.
3. Über Krieg sowie ____________________ mit anderen Staaten entschied der „Sonnenkönig“.
4. Wer sich seinen Anordnungen nicht fügte oder sogar Widerstand leistete, hatte mit Folgen zu rechnen; dessen Leben war möglicherweise in ____________________.
5. Der „Sonnenkönig“ setzte sich mit dem ____________________ Frankreich gleich.
6. Mit anderen Worten: Ludwig XIV. verband seine Person, seine Stellung, sein Ansehen, seinen ____________________ mit der Machtstellung und der Bedeutung Frankreichs. Ludwig XIV. strebte an, Frankreich zum Mittelpunkt („Herz“) zumindest Europas zu machen.
7. Der Herrscher behauptete, seine Bemühungen beim Regieren würden dem ____________________ Frankreichs gelten.
8. Er gab vor, den Staat ____________________ immer größer und mächtiger sowie glücklich machen zu wollen.
9. Ludiwg XIV. bekannte sich zum katholischen ____________________ .
10. Mit dem Edikt von Fontainebleau (1685) verbot der „Sonnnenkönig“ ____________________ (Hugenotten = französische Protestanten) den Glauben, sodass viele aus Frankreich flohen.

Aufgabe 2: *Welche Meinung hast du zu Ludwig XIV. und zum Absolutismus?*

____

____

____

____

____

KOHL VERLAG Vom Absolutismus zur Französischen Revolution – Bestell-Nr. 12 338

Die Lebensführung des Herrschers

Zwar war Ludwig XIV. arbeitseifrig bei der Durchführung der Amtsgeschäfte. Demgegenüber führte er zusammen mit anderen Gleichgesinnten ein prunkvolles, verschwenderisches Leben. Diese Lebensführung erforderte ganz hohe Kosten, die in der Regel aus der Staatskasse finanziert wurden.

Man kann sagen: Ludwig XIV. leistete sich zusammen mit seiner Familie das Beste, was es damals gab. Dies betraf zum einen die Ausstattung seiner Schlösser, die eigene Kleidung, das Essen, Getränke, das Feiern von Festen, Kulturveranstaltungen und vieles andere mehr. Zunächst residierte Ludwig XIV. hauptsächlich in seinem Schloss Saint-Germain-en-Laye (in der Nähe von Paris gelegen). Mit enormem Aufwand und hohen Kosten ließ der „Sonnenkönig" in längerer Bauzeit ein ehemaliges kleines Jagdschloss erweitern. Daraus wurde die riesige Schlossanlage Versailles (ebenfalls in der Nähe von Paris gelegen). Ab dem Jahr 1682 war das Schloss Versailles der Hauptsitz des Königs Ludwig XIV. Dort lebte Ludwig XIV. sehr luxuriös zusammen mit anderen mehr oder minder von ihm abhängigen Adligen. Unglaublich viele Bedienstete hatten für das Wohl Ludwigs XIV. sowie der weiteren privilegierten Personen zu sorgen.

Aufgabe 1: *Schreibe in eigenen kurzen Sätzen auf, was du über die Lebensführung Ludwig XIV. sagen kannst.*

Das königliche Fest „Vergnügungen der verzauberten Insel" in den Gärten von Versailles, 7. Mai 1664 (Stich von Israël Silvestre)

KOHL VERLAG Vom Absolutismus zur Französischen Revolution – Bestell-Nr. 12 338

1 Der Absolutismus

Aus dem Leben im Schloss Versailles

Der Tagesablauf war genau geregelt. Es wird erzählt, dass Adlige um die Gunst buhlten, dem „Sonnenkönig“ morgens nach dem Aufstehen Kleidungsstücke zum Anziehen reichen zu dürfen.

Die Herzogin von Orléans wurde als Elisabeth Charlotte (Prinzessin von der Pfalz) in Heidelberg geboren. Sie war mit einem Bruder des Königs verheiratet. Ein Brief der Herzogin gibt als Quelle einen Einblick in das Leben am Hofe Ludwigs XIV. In dem Brief schreibt die Herzogin: „... Den Morgen bis um drei nachmittags waren wir auf der Jagd. Danach ... kleidete man sich anders an und ging hinauf zum Spiel. Dort blieb man bis um sieben Uhr abends. Von da ging man in die Komödie, welche um halb elf aus war. Alsdann ging man zum Nachtessen, vom Nachtessen zum Ball, welcher bis drei Uhr morgens währte und dann zu Bett ... Der König war sehr fleißig und nahm nicht immer an den Vergnügen der Hofgesellschaft teil. Von neun Uhr morgens bis ein Uhr mittags arbeitete er in seinem Kabinett. Seine Räte kamen und gingen. Der König kümmerte sich um alles. Zu Mittag speiste er an einem Tisch für sich allein. Danach begab er sich wieder in sein Arbeitszimmer bis gegen fünf Uhr. Am Abend war er oft in der Oper oder in der Komödie oder er gab eine Abendgesellschaft. Manchmal empfing der König auch ausländische Botschafter.“[1]

Der Herzog Ludwig von Saint Simon äußerte über Ludwig XIV.: „In allem liebte er Glanz, Verschwendung, Fülle. Es war wohlberechnet, dass er die Sucht, ihm hierin nachzueifern, in jeder Weise begünstigte. Er impfte sie seinem ganzen Hof ein. Wer alles draufgehen ließ für Küche, Kleidung, Wagen, Haushalt und Spiel, der gewann sein Wohlwollen. Indem er so den Luxus zur Ehrensache und für manche zur Notwendigkeit machte, richtete er nacheinander alle zugrunde, bis sie schließlich einzig und allein von seiner Gnade abhingen ... Vom Hof aus hat die Verschwendung Paris, die Provinzen, das Heer ergriffen ...“[2]

Aufgabe 1: *Wie beurteilst du das dargestellte Leben am Hof des „Sonnenkönigs“?*

___

___

___

[1] Zitiert in Anlehnung an: Paul Michel: Ludwig XIV. baut die königliche Macht in Frankreich zum Absolutismus aus; In. Ehrenwirth Hauptschulmagazin; 7/1986; S. 17 - 18
[2] Ebenda S.18

Worte des Königs Ludwig XIV.

„Die Könige haben ihr Herrschaftsrecht von Gott bekommen und handeln in Gottes Auftrag.“

„Gott, der den Menschen Könige gesetzt hat, will, dass man diesem als seinen Stellvertreter auf Erden Ehrfurcht erweist. Ihm allein steht das Recht zu, über sich zu urteilen.“

„Die Könige sind alleinige Herren und können jederzeit über ihre Untertanen bestimmen.“

„Ein König, ein Gesetz, ein Glaube!“

„(Ich bin) kleiner als Gott, aber größer als der Erdball.“

„Ich wählte als Figur die Sonne, die … das lebendigste und schönste Sinnbild eines großen Herrschers darstellt.“

„Den Interessen des Staates gebührt der Vorrang.“

„Man muss hart arbeiten, um zu regieren.“

„Wer nicht zu täuschen vermag, weiß nicht zu herrschen.“

„Lassen Sie sich niemals von anderen beherrschen, ganz besonders nicht von einer Frau.“

Aufgabe 1: *Beantworte die folgenden Fragen. Wenn der Platz nicht ausreicht, schreibe in deinem Heft/Ordner oder auf der Rückseite des Blattes weiter.*

a) *Was besagen die einzelnen Aussagen des Königs Ludwig XIV.?*

____

____

____

b) *Was meinst du zu den einzelnen Aussagen des Königs Ludwig XIV.?*

____

____

____

KOHL VERLAG Lernen mit Erfolg Vom Absolutismus zur Französischen Revolution – Bestell-Nr. 12 338

Eigenschaften des Königs Ludwig XIV.

Über Ludwig XIV. wird viel berichtet, u. a. in Fachbüchern und im Internet kann man über ihn lesen.

Ludwig XIV. sei gewesen:

- arbeitseifrig,
- durchsetzungsfähig,
- eitel,
- höflich,
- intrigant,
- klug,
- musikalisch,
- religiös,
- sexhungrig,
- unterhaltsam,
- …
- charmant,
- egoistisch,
- gebildet,
- intolerant,
- jagdfreudig,
- machtbesessen,
- pedantisch,
- ruhmsüchtig,
- stolz,
- zielstrebig,

Aufgabe 1: *Ordne die genannten Adjektive gemäß deiner Meinung nach guten und schlechten Eigenschaften.*

Gute Eigenschaften	Schlechte Eigenschaften

Aufgabe 2: *Wie beurteilst du insgesamt gesehen die erwähnten Eigenschaften des französischen Herrschers?*

___

___

___

KOHL VERLAG Vom Absolutismus zur Französischen Revolution – Bestell-Nr. 12 338

Die weitgehende Ausschaltung der politischen Macht des Adels

Nach der persönlichen Übernahme der Amtsgeschäfte im Jahr 1661 gelang es Ludwig XIV., Frankreich zu einem ganz und gar absolutistisch regierten Staat zu machen. Bereits der Kardinal Mazarin hatte als Premierminister die politische Macht des französischen Adels eingeschränkt. Ludwig XIV. knüpfte daran an und schaltete die Macht, ja den Einfluss des Adels auf die Staatsführung Frankreichs weitgehend aus.

Der „Sonnenkönig" machte Adlige von ihm abhängig, indem er ihnen ein Leben an seinem jeweiligen Herrschaftssitz (ab 1682 in der prunkvollen Schlossanlage Versailles) ermöglichte oder sogar aufzwang. Etliche Adlige gerieten durch Schulden in die Abhängigkeit von Ludwig XIV.

Bei der Umgestaltung des Staates Frankreich ersetzte Ludwig XIV. Adlige durch sogenannte Intendanten[1], die ihm ergeben waren. Auf höchster Ebene verwalteten, kontrollierten und überwachten die Intendanten die einzelnen französischen Amtsbezirke. Diese Intendanten hatten dem König regelmäßig über alles Wesentliche zu berichten, was in ihrem Amtsbezirk geschah. Ludwig XIV. stützte seine Herrschaft u. a. auf Beamte (= Staatsdiener), die vor allem für die Zahlung von Steuern durch die Untertanen, besonders durch das Volk sorgten. Nach dem Grundsatz „Der Staat bin ich!" herrschte Ludwig XIV. Diesen Satz soll Ludwig XIV. zwar selbst nicht gesagt haben. Doch der Satz kennzeichnet treffend die Herrschaft des „Sonnenkönigs".

Aufgabe 1: *Beantworte die Fragen in deinem Heft/deinem Ordner oder auf der Rückseite des Blattes.*

1. Was tat schon der französische Kardinal Mazarin als Premierminister?
2. Was machte Ludwig XIV. nach der Regierungsübernahme im Jahr 1661 aus Frankreich?
3. Was gelang Ludwig XIV. gegenüber dem Adel?
4. Durch wen ersetzte Ludwig XIV. die Adligen auf der obersten Ebene der Verwaltung?
5. Welche Aufgabe hatten die Intendanten?
6. Wie bezeichnet man Beamte auch?
7. Wofür mussten Beamte im absolutistisch regierten Frankreich vor allem sorgen?
8. Nach welchem Grundsatz herrschte Ludwig XIV.?
9. Was ist mit diesem Grundsatz gemeint?

[1] = hohe Beamte, Aufseher, Leiter (intendere (lat.) = auf etwas achten)

KOHL VERLAG Vom Absolutismus zur Französischen Revolution – Bestell-Nr. 12 338

Der Merkantilismus

Im Absolutismus betrieb der Staat Frankreich eine neue Wirtschaftspolitik, Wirtschaftsform. Diese war darauf gerichtet, u. a. durch eine verstärkte Ausfuhr von Fertigwaren und wenig Einfuhr (höchstens Rohstoffe) möglichst viel Geld in die Staatskasse zu bekommen. Benannt und bekannt wurde die Wirtschaftsreform als Merkantilismus[1]. Als Hauptverantwortlicher dafür war von Ludwig XIV. Minister J.-B. Colbert (1619-1683) beauftragt, der sich schon unter dem Premierminister Mazarin bewährt hatte.

In Frankreich entstanden Manufakturen (= größere Gewerbebetriebe → manu factum (lat.) = mit der Hand hergestellt), die man als Vorläufer von Fabriken bezeichnen kann. In den Manufakturen wurden besonders per Hand und häufig in Arbeitsteilung hochwertige Waren wie z. B. Möbel, Wandteppiche, Spiegel, Kutschen, Kleidungsstücke hergestellt. Man verkaufte die produzierten Waren u. a. ins Ausland. Zur Förderung des Handels wurden in Frankreich neue Straßen, Kanäle, Häfen, Schiffe gebaut. So entstand der Canal du Midi, der im Jahr 1681 als Verbindung zwischen dem Atlantischen Ozean und dem Mittelmeer eröffnet wurde. Im Rahmen des Merkantilismus bestand in Frankreich von staatlicher Seite ein Ausfuhrverbot für Rohstoffe, Fleisch, Getreide sowie Geld. Colbert: „Die Ausfuhr von Geld ist bei Todesstrafe verboten. Die Kaufleute sollen gefälligst dafür sorgen, dass mehr Manufakturen und weniger Geld das Land verlassen."

Aufgabe 1: *Richtig oder Falsch? Welche der folgenden Aussagen sind richtig, welche falsch? Kreuze entsprechend die Aussagen an. Verbessere die falschen Aussagen in deinem Heft/Ordner oder auf der Rückseite des Blattes.*

		Richtig	Falsch
a)	Frankreich sollte mehr Waren einführen als ausführen.		
b)	Das Wort Merkantilismus stammt aus der griechischen Sprache.		
c)	Manufakturen gelten als Vorläufer von Fabriken.		
d)	In Manufakturen wurden minderwertige Waren produziert.		
e)	Der Bau von u. a. Straßen, Kanälen, Häfen, Schiffen hatte besonders wirtschaftliche Gründe.		
f)	Für die Ausfuhr von Geld bestand in Frankreich die Todesstrafe.		

[1] kommt ursprünglich vom lateinischen Wort „mercari = handeln, Handel treiben

KOHL VERLAG Vom Absolutismus zur Französischen Revolution – Bestell-Nr. 12 338

Soldaten und Kriege

Aufgabe 1: *Welches Satzende gehört zu welchem Satzanfang? Trage die entsprechende Zahl ein und verbinde mit einer Linie.*

	Satzanfänge
1	Ludwig XIV. stützte seine Macht
2	Er ließ ein sehr
3	Um das Jahr 1665 soll das französische Heer aus ca. 45 000
4	Das stehende Heer stand dem König viel schneller
5	Während seiner Regierungszeit führte
6	Der König hatte vor, durch Kriegssiege
7	Doch dies gelang Ludwig XIV. und
8	Seine Truppen ließ Ludwig XIV. u. a.
9	Frankreich gewann zwar manche Gebiete,
10	Beim Versuch das Reich auszudehnen,

	Satzendungen
	seine und die Macht Frankreichs sowie den Ruhm zu vergrößern.
	zur Verfügung als früher existierende Söldnerheere.
	gegen deutsche und spanische Soldaten kämpfen.
	großes stehendes Heer aufbauen.
	traf Frankreich u. a. auf den starken Widerstand Englands.
	auch auf Soldaten.
	musste andere Regionen aber (wieder) abgeben.
	Soldaten, um das Jahr 1700 aus ca. 400 000 Soldaten bestanden haben.
	Ludwig XIV. zahlreiche Kriege.
	seinen Soldaten höchstens teilweise.

Aufgabe 2: *Schreibe jetzt die 10 Sätze vollständig und in der richtigen Reihenfolge in deinem Heft/Ordner oder auf der Rückseite des Blattes auf.*

1 Der Absolutismus

Ludwig XIV. – Stützen seiner absolutistischen Herrschaft

Aufgabe 1: *Setze die Silben richtig zusammen und trage dann die Begriffe auf die Säulen ein.*

nis – am – tho – lische – da – dan – ter –
ten – ten – ten – te – kan – che – ti – lis – mus – Kir

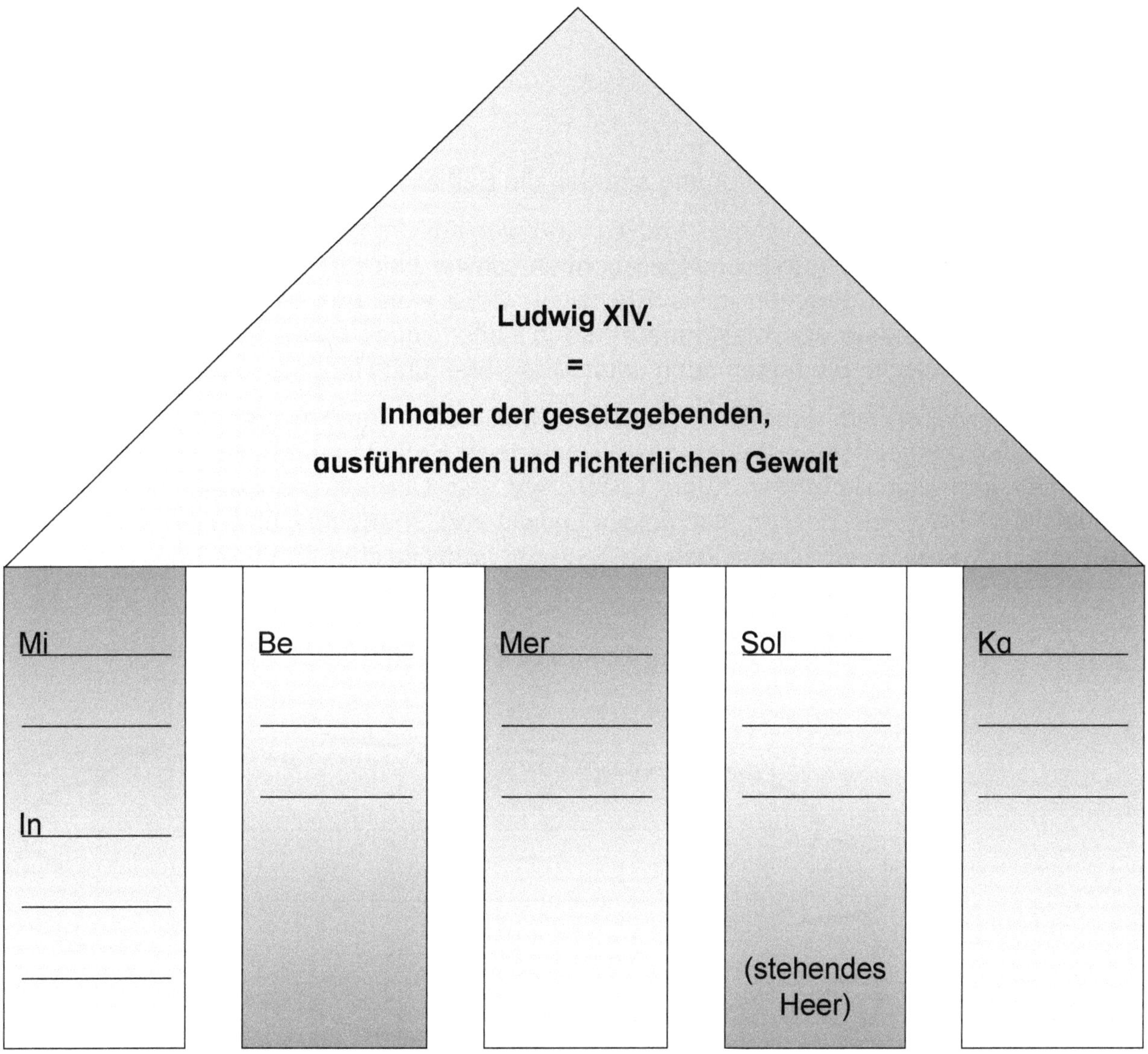

Die Bevölkerung Frankreichs

Zur Zeit der Herrschaft Ludwigs XIV. umfasste die Bevölkerung Frankreichs ca. 22 - 26 Millionen Menschen. Diese Bevölkerung war gegliedert in drei Stände:

- **Erster Stand: Klerus** (= Geistlichkeit)
  → ca. 0,5 % der Bevölkerung
- **Zweiter Stand: Adel**
  → ca. 1,5 % der Bevölkerung
- **Dritter Stand: Volk** (Bürger, Bauern …)
  → ca. 98 % der Bevölkerung

Ganz unten in der Gesellschaftsordnung standen die Bettler.

Während der Herrschaft des Königs Ludwig XIV. war das französische Volk durch zu leistende Arbeiten, Steuern und sonstige Abgaben schwer belastet. Auf sein Volk nahm Ludwig XIV. insgesamt gesehen keine Rücksicht. Ganz viele aus dem Volk lebten in großer Armut. Besonders den Kleinbauern, die in Abhängigkeit von ihren Grundherren lebten, ging es schlecht. Sie hatten auch unter Missernten und Hungersnöten zu leiden.

Nachdem Ludwig XIV. im Jahr 1715 gestorben war, hoffte das französische Volk auf bessere Zeiten mit geringeren Belastungen. Doch diese Hoffnungen erfüllten sich nicht. Auch unter dem anschließenden König Ludwig XV. (ein Urenkel des „Sonnenkönigs", regierte bis 1774) sowie dessen Nachfolger Ludwig XVI. (herrschte ab 1774, war ein Enkel von Ludwig XV.) verbesserte sich die Lage der französischen Bevölkerung nicht.

Aufgabe 1: *Was könnte dieser Bauer denken und/oder sagen?*

KOHL VERLAG Vom Absolutismus zur Französischen Revolution – Bestell-Nr. 12 338

1 Der Absolutismus

Das absolutistisch regierte Frankreich als Leitbild

Schloss Nymphenburg

Das absolutistisch regierte Frankreich mit Ludwig XIV. als König faszinierte so manche andere damalige europäische Herrscher. Sie bewunderten die Macht, den Prunk und die Lebensführung des „Sonnenkönigs" und versuchten ihm – so weit wie möglich – nachzueifern. Frankreich (insbesondere Paris und Umgebung) wurde zum kulturellen Zentrum Europas. Ludwig XIV. ließ Dichter, Musiker, Maler sowie andere Künstler bei sich auftreten und förderte sie. Französisch wurde für Latein die internationale Umgangssprache an den Höfen vieler Herrscher.

Auch etliche Herrscher kleiner und mittelgroßer Staaten (z. B. Bayern, Baden, Sachsen) im Heiligen Römischen Reich Deutscher Nation nahmen das absolutistisch regierte Frankreich zum Vorbild. Diese Herrscher ließen sich u. a. schöne Schlösser und Parks bauen. Zum Beispiel ließ der Kurfürst von Bayern das Schloss Nymphenburg in München errichten. Größtenteils wurde der Bau der Schlösser mit gezahlten Steuergeldern der Untertanen finanziert. Die Herrscher nutzten die damalige Kunst des Barocks[1] und des Rokokos[2] mit ihren unregelmäßigen Formen und vielen Verzierungen, um ihre Macht(stellung) und den Reichtum zu zeigen.

Anmerkung: Das Zeitalter des Absolutismus wird auch als Zeitalter des Barocks bezeichnet.

Aufgabe 1: *Beantworte die Fragen.*

a) *Wodurch wurde das absolutistisch regierte Frankreich mit dem König Ludwig XIV. zum Leitbild für so manche andere Herrscher in Europa?*

____

____

____

b) *Wie bewertest du, dass sich manche andere Herrscher als Vorbild am von Ludwig XIV. absolutistisch regierten Frankreich orientierten?*

____

____

____

[1] barroco (portugiesisch) = schiefrund
[2] rocaille (franz.) = Geröll, aufgehäufte Steine

Geschichte auf Bildern: Zeitabschnitt Absolutismus

Aufgabe 1: *Was kannst du zum Inhalt der drei Bilder auf der Seite sagen?*

1

Schloss in Versailles

2

Kutsche eines Herrschers

3

Schloss Nymphenburg

KOHL VERLAG Vom Absolutismus zur Französischen Revolution – Bestell-Nr. 12 338

Test/Arbeit zum Thema Absolutismus

Aufgabe 1: *Schreibe auf. Was kannst du sagen über…*

1. ... den Begriff Absolutismus?

2. ... den Lebenslauf des Königs Ludwig XIV.?

3. ... die Macht und Lebensführung dieses Herrschers?

4. ... Aussagen (= Worte) des Königs?

5. ... die Stützen seiner absolutistischen Herrschaft?

6. ... das absolutistisch regierte Frankreich unter Ludwig XIV. als Leitbild für so manche andere Herrscher?

7. ... die Lage der französischen Bevölkerung zur Zeit des Königs Ludwig XIV.?

8. ... deine Beurteilung des Herrschers Ludwig XIV.?

2 Die Aufklärung

Das Zeitalter der Aufklärung (Beginn)

Auf Dauer konnte sich der Absolutismus nicht behaupten. Durch Philosophen[1] der sogenannten Aufklärung geriet der Absolutismus zunehmend in die Kritik und wurde schließlich abgelehnt.

René Descartes

Der englische Philosoph und Staatstheoretiker T. Hobbes (1588-1648) hatte letztlich noch den Absolutismus gerechtfertigt: Die Untertanen hätten sich freiwillig zum Schutz in einer Art Vertrag der Staatsgewalt (= Herrscher) unterworfen und hätten zu gehorchen. Der französische Denker, Naturwissenschaftler und Mathematiker R. Descartes (1596-1650) forderte allerdings, den Verstand zu nutzen, um Dinge (auf) der Welt zu erkennen. Dazu gehöre auch, bestehende Dinge in Frage zu stellen. R. Descartes wurde damit der Begründer des Rationalismus[2]. Philosophen verwiesen darauf: Überprüft werden müsse, ob und inwiefern Einrichtungen der Menschen wie Staaten, Gesetze oder die Rechtsprechung wirklich den Ansprüchen der Vernunft gerecht werden. Kirchliche Lehren müssten im Hinblick auf die Vereinbarkeit mit der Vernunft der Menschen kritisch betrachtet werden.

Aufgabe 1: *Schreibe in eigenen Sätzen auf, was du vom Text verstanden hast.*

[1] = Denker, „Weisheitslehrer") philein (griech.) = lieben + sophia (griech.) = Weisheit
[2] ratio (lat.) = Verstand, Vernunft

KOHL VERLAG Vom Absolutismus zur Französischen Revolution – Bestell-Nr. 12 338

2 Die Aufklärung

John Locke

John Locke

Die Aufklärung war die Gegenbewegung zum Absolutismus. Philosophen entwickelten aufklärerische Ideen gegen Ende des 17. und vor allem im 18. Jahrhundert. Von daher gilt der genannte Zeitraum als Zeitalter der Aufklärung. Das Zeitalter der Aufklärung wird bisweilen auch das Zeitalter der Vernunft genannt.

Der englische Philosoph und Arzt John Locke (1632-1704) war ein wichtiger Impulsgeber, ja ein Wegbereiter für die Aufklärung. John Locke ging davon aus, der Vernunft und Natur nach seien alle Menschen gleichberechtigt. Vor diesem Hintergrund forderte Locke das Recht der Menschen auf Leben, Freiheit und Besitz. Herrscher (Könige ...) seien auch nur Menschen, nicht Handelnde im Auftrag Gottes oder sogar dessen Stellvertreter. Im Staat bestehe zwischen der Regierung (Könige ...) und dem Volk (Bürger ...) ein kündbarer Vertrag, der beide Seiten u. a. zum Vertrauen verpflichte. Die Regierung (Könige ...) dürfe nicht willkürlich handeln, sondern sei an Abmachungen (Gesetze ...) gebunden. Das Volk (die Bürger ...) besäße ein Recht auf Widerstand, wenn sich die Staatsführung über die Rechte der Bürger hinwegsetze und sie missachte.

Aufgabe 1: *Beantworte die Fragen zum Text.*

a) *Welche Bedeutung hat John Locke für die Aufklärung?*

____

____

____

b) *Welche Auffassungen vertrat John Locke?*

____

____

____

Aufgabe 2: *Forsche in Büchern und/oder im Internet und notiere, was sich sonst noch über John Locke sagen lässt. Notiere die Informationen in deinem Heft/ Ordner oder auf der Rückseite des Blattes.*

____

____

____

____

____

Charles de Montesquieu

Charles de Montesquieu

Der französische Jurist und Staatstheoretiker Charles de Montesquieu (1689-1755) lehnte den in Frankreich bestehenden Absolutismus ab. Er befürwortete eine Monarchie ähnlich wie in England. Schon John Locke trat dafür ein: Die Staatsgewalt dürfe nicht allein in der Hand eines Herrschers liegen, sondern müsse geteilt sein. John Locke sprach sich für eine Gewaltenteilung zwischen der gesetzgebenden und ausführenden Gewalt aus.

Hieran knüpfte Charles de Montesquieu an und ging noch einen Schritt weiter. Im Jahr 1748 plädierte er in seinem Buch „Vom Geist der Gesetze" für die Trennung der Staatsgewalt in eine gesetzgebende, ausführende und richterliche Gewalt. Diese drei Gewalten sollten sich gegenseitig kontrollieren. Die Trennung und gegenseitige Kontrolle seien nötig, um einen Machtmissbrauch zu verhindern. Die gesetzgebende Gewalt müsse bei einer Körperschaft des Adels und bei einer Körperschaft des Volkes liegen, die ausführende (= vollziehende Gewalt) bei einem Monarchen.

Aufgabe 1: *Beantworte die Fragen zum Text.*

a) *Für welche Gewaltenteilung sprach sich Charles de Montesquieu aus?*

____

____

____

b) *Welche Trennung der Staatsgewalt befürwortete Charles de Montesquieu?*

____

____

____

c) *Warum ist die Trennung (= Teilung) der Staatsgewalt notwendig?*

____

____

____

d) *Was haben die getrennten Gewalten gegenseitig zu tun?*

____

____

____

KOHL VERLAG Vom Absolutismus zur Französischen Revolution – Bestell-Nr. 12 338

Charles de Montesquieu

Aufgabe 2: *Welche Meinung hast du zur Gewaltenteilung?*

Aufgabe 3: *Welche Rolle spielt die Gewaltenteilung heutzutage in demokratischen Staaten?*

Aufgabe 4: *Erkläre näher, was das Schaubild darstellen soll.*

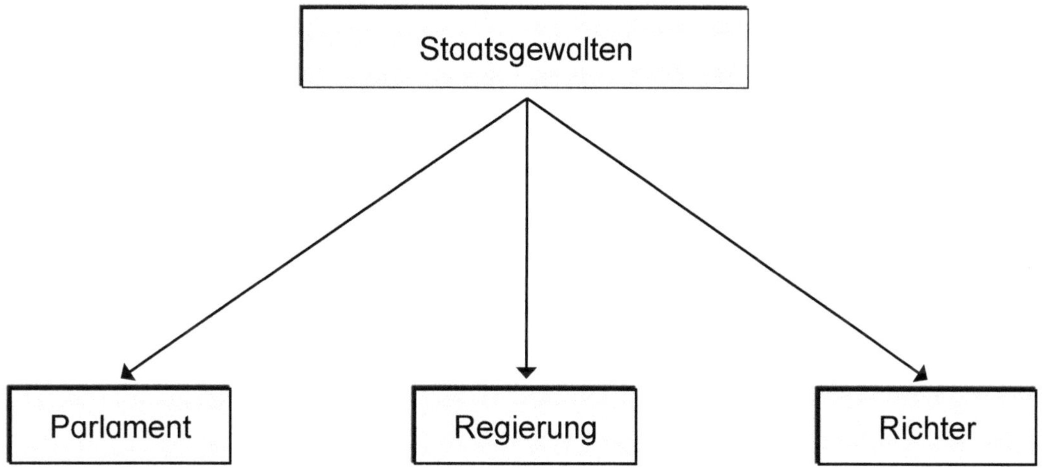

KOHL VERLAG Vom Absolutismus zur Französischen Revolution – Bestell-Nr. 12 338

Jean-Jacques Rousseau

Weitere Philosophen ragten mit ihren Vorstellungen heraus, so Jean-Jacques Rousseau. Der gebürtige Schweizer und spätere Franzose Jean-Jacques Rousseau (1712-1778) sah im Volk den „wahren Herrscher". In seinem im Jahr 1762 veröffentlichten Buch „Über den Gesellschaftsvertrag" äußerte Rousseau, der Staat sei aus einem Vertrag hervorgegangen.

Jean-Jacques Rousseau

Diesen Vertrag hätten die Bürger freiwillig abgeschlossen, um ihre Rechte zu sichern. Der einzelne Bürger habe sich dem Allgemeinwohl (= volonté générale) unterzuordnen. Die Regierung könne abgesetzt werden, wenn sie nicht mehr dem Allgemeinwohl diene. Der Philosoph und Schriftsteller Rousseau hielt es für angebracht: Über öffentliche Dinge sollten die Bürger direkt entscheiden.

Jedoch lehnte Rousseau die Gewaltenteilung ab. Rousseau unterschied zwischen dem allgemeinen Volkswillen (= volonté générale) und dem Willen aller (= volonté de tous). Gemäß Rousseau zeigte sich in der Staatsgewalt der allgemeine Volkswille (= volonté générale), der sich nicht täuscht. Nach Ansicht von Rousseau kann auch eine Minderheit die Vertretung des allgemeinen Volkswillen bilden.

Aufgabe 1: *Fasse in Stichwörtern den Inhalt des vorherigen Textes „Jean Jacques Rousseau" zusammen.*

____

____

____

____

____

Aufgabe 2: *Wodurch unterscheiden sich die Ansichten Lockes und Montesquieus?*

____

____

____

____

____

KOHL VERLAG Vom Absolutismus zur Französischen Revolution – Bestell-Nr. 12 338

Voltaire

Voltaire

Der französische Schriftsteller und Philosoph Voltaire wurde 1694 unter dem Namen Francois Mariet Arouet geboren. Später gab er sich den Künstlernamen Voltaire. Des Öfteren wird Voltaire (1694-1778) als bedeutendster Vertreter der (französischen) Aufklärung hingestellt, vor allem in Frankreich. Von 1751 bis 1753 lebte Voltaire als Gast des preußischen Königs Friedrich II. (= Friedrich der Große) in dessen Schloss Sanssouci in Potsdam.

Voltaire war ein heftiger Gegner der katholischen Kirche, deren Bevormundung er ablehnte. Er setzte sich für die religiöse Toleranz[1] ein. Ein Atheist[2] war Voltaire nicht. Von Voltaire stammt das Zitat: „Wenn es keinen Gott gäbe, müsste man ihn erfinden." Im Weiteren trat Voltaire in vielen seiner Werke für Mitgefühl und Menschlichkeit (= Humanität) ein. Voltaire war ein Verfechter der Gewährung von allgemeinen Menschenrechten. Stark kritisierte Voltaire die bestehende Justiz. Er forderte die Gleichheit aller Staatsbürger vor dem Gesetz. Der Franzose befürwortete eine Monarchie mit einem „guten König" an der Staatsspitze.

In seinen Schriften übte Voltaire insbesondere mit Witz, Ironie (= versteckter Spott) und Sarkasmus (= beißender Spot) Kritik an Missständen, was bisweilen nicht (genügend) verstanden wurde und zu Verwirrungen führte. Bei aller Anerkennung für Voltaire gilt es zu bedenken und zu berücksichtigen: Voltaire war auch eine eitle, zwielichtige, widersprüchliche Person, die nach großem finanziellen Gewinn, Vermögen strebte. Wiederholt verhielt sich Voltaire in seinem Leben nicht seriös[3]. Voltaire war in zahlreiche Auseinandersetzungen verwickelt. Er war im jüngeren Alter ein Jahr in Paris in der Bastille inhaftiert.

Aufgabe 1: *Bereite dich auf eine etwa fünf Minuten lange Kurzpräsentation über Voltaire vor. Schreibe dir in Stichwörtern auf, was du sagen möchtest.*

[1] tolerantia (lat.) = das Dulden, das Ertragen
[2] = eine Person, welche die Existenz eines Gottes verneint; atheos (griech.) = gottlos
[3] nicht anständig, nicht aufrichtig; serius (lat.) = ernst, ernsthaft

KOHL VERLAG Vom Absolutismus zur Französischen Revolution – Bestell-Nr. 12 338

Immanuel Kant

Die Länder England und Frankreich bildeten in Europa die beiden Hauptzentren der Aufklärung. Erst später als in England und Frankreich meldeten sich in Deutschland (= Heiliges Römisches Reich Deutscher Nation bis zum Jahr 1806) deutsche Vertreter der Aufklärung zu Wort. Als wohl bekanntester deutscher Aufklärer gilt der Philosoph Immanuel Kant (1724-1804), der in Königsberg lebte. Der heutige Name dieser in Russland gelegenen Stadt ist Kaliningrad. Im Jahr 1784 schrieb er als Antwort auf die Frage, was die Aufklärung sei:

Immanuel Kant

> „Aufklärung ist der Ausgang des Menschen aus seiner selbst verschuldeten Unmündigkeit. Unmündigkeit ist das Unvermögen, sich seines Verstandes ohne die Leitung eines anderen zu bedienen. Selbstverschuldet ist diese Unmündigkeit, wenn ihre Ursache nicht am Mangel des Verstandes, sondern der Entschließung und des Mutes liegt, sich seiner ohne Leitung eines anderen zu bedienen ... Habe Mut dich deines eigenen Verstandes zu bedienen, ist also der Wahlspruch der Aufklärung."

Aufgabe 1: *Erkläre in kurzen, eigenen Sätzen in deinem Heft/Ordner oder auf der Rückseite des Blattes, was das genannte Zitat aussagt.*

Von Kant stammen weitere Aussagen wie:

- „Handeln ist das Prinzip des Seins."
- „Handle so, dass die Maxime deines Willens jederzeit als Prinzip einer Gesetzgebung gelten kann."
- „Nur die Moral macht den Menschen zum Menschen."
- „Gewissenlosigkeit ist nicht Mangel des Gewissens, sondern der Hang, sich an dessen Urteil nicht zu orientieren."[1]
- „Wer sich zum Wurm macht, kann nachher nicht klagen, wenn er mit Füßen getreten wird."

Aufgabe 2: **a)** *Suche dir ein Zitat aus und erkläre, was es aussagt.*

____

____

b) *Wie beurteilst du das Zitat?*

____

____

[1] Zitat ein wenig verändert = vereinfacht

KOHL VERLAG Vom Absolutismus zur Französischen Revolution – Bestell-Nr. 12 338

2 Die Aufklärung

Die Vertreter der Aufklärung im Überblick

Betrachtet man die Vertreter der Aufklärung im Überblick, so lässt sich insgesamt gesehen sagen:

Die Aufklärer waren belesen, verfügten über eine hohe Bildung und Intelligenz. Die meisten Personen gehörten zum gehobenen Bürgertum. Manche Aufklärer kamen aus dem Kreis des niederen Klerus (= Geistlichkeit) oder des unteren Adels. Zum ungebildeten Volk hatten die allermeisten Aufklärer allerdings keinen oder nur wenig direkten Kontakt. Einige Aufklärer machten sich über das niedere, ungebildete Volk („Pöbel") auch lustig.

Vor allem in der ersten Hälfte des Zeitalters der Aufklärung versammelten sich Vertreter der Aufklärung in der Regel an einem geheimen Ort. Die Aufklärer mussten damals sehr vorsichtig sein, um wegen ihrer Ansichten sowie deren Verbreitung auf Veranlassung der Herrscher nicht des Landes verwiesen, inhaftiert oder sogar hingerichtet zu werden. Anfangs ließen deshalb manche Aufklärer ihre Schriften nur anonym veröffentlichen.

Im Laufe der Zeit konnten es mehr und mehr Vertreter der Aufklärung wagen, ihr Gedankengut mit Namen öffentlich zu vertreten, ohne negative Folgen für sich befürchten zu müssen. Während der Aufklärung kam es zur Bildung von Lesegesellschaften, in den viel über aufklärerische Grundsätze gesprochen und diskutiert wurde. Aufklärer trafen sich u. a. in Caféhäusern und Salons von vornehmen, begüterten Frauen. In späterer Zeit hatten einige Philosophen die Möglichkeit, an Universitäten Ideen der Aufklärung zu lehren und somit zu verbreiten.

Literarische Sitzung bei Diderot

Die Vertreter der Aufklärung im Überblick

Aufgabe 1: *Beantworte die folgenden Fragen.*

1. Welche Bildung besaßen die Vertreter der Aufklärung?

2. Zu welchen sozialen Schichten gehörten die Aufklärer?

3. Welchen Kontakt hatten die Aufklärer zum ungebildeten, niederen Volk?

4. Wo versammelten sich Vertreter der Aufklärung vor allem in der ersten Hälfte des Zeitalters der Aufklärung?

5. Warum mussten Aufklärer zunächst sehr vorsichtig sein?

6. Wo u. a. trafen sich später Personen der Aufklärung und diskutierten?

7. Welche Möglichkeit bekamen einige Philosophen an Universitäten?

Aufgabe 2: *Was meinst du zum Verhältnis von Philosophen in Bezug auf das ungebildete, niedere Volk?*

2 Die Aufklärung

Zielsetzungen der Aufklärung

Die Aufklärung war keine einheitliche Bewegung. Die einzelnen Vertreter der Aufklärung setzten unterschiedliche Akzente[1]. Dennoch gab es mehr oder minder gemeinsame Zielsetzungen der meisten Aufklärer:

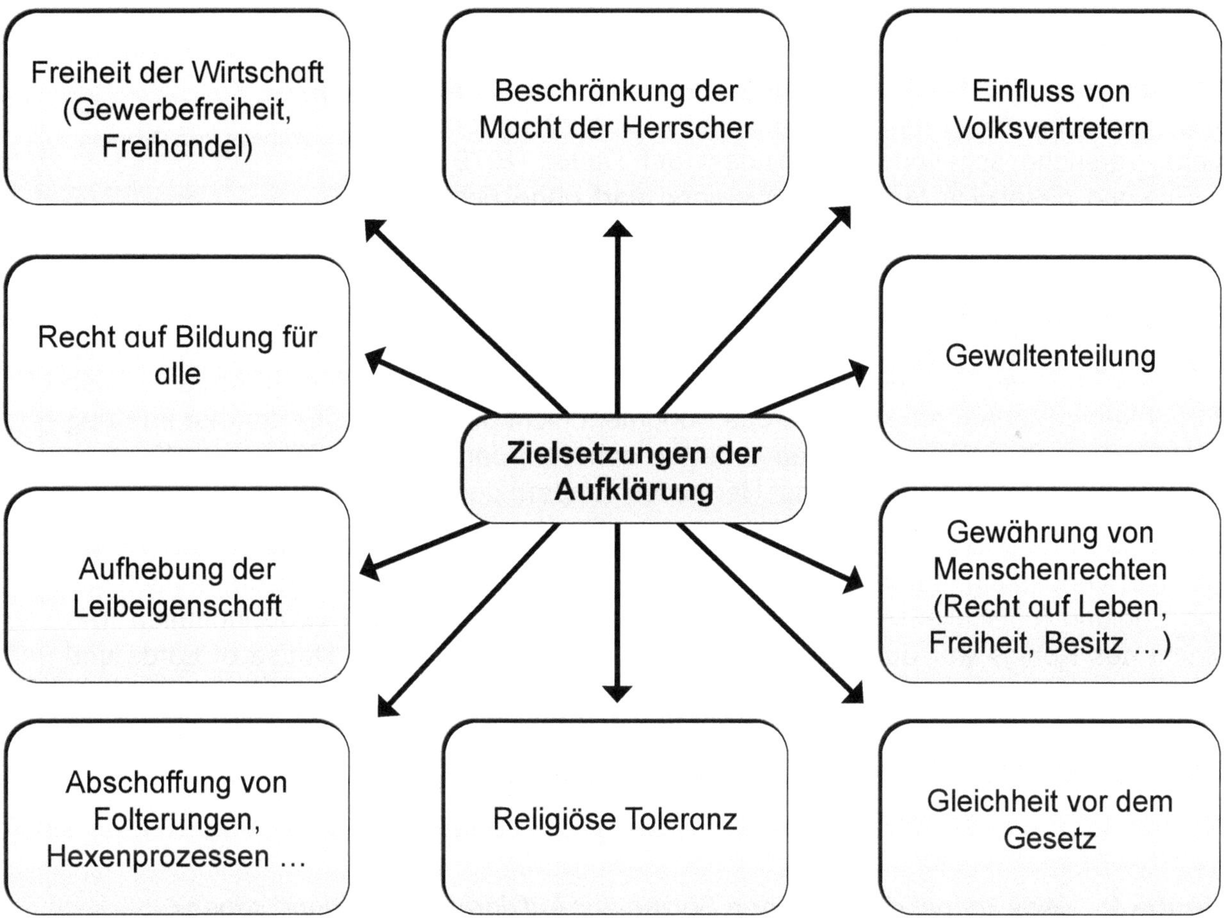

Aufgabe 1: *Schreibe zum Schaubild „Zielsetzungen der Aufklärung“ einen passenden Text in vollständigen Sätzen.*

____

____

____

____

[1] = Betonungen; accentus (lat.) = Betonung, Ton, Klang

KOHL VERLAG Vom Absolutismus zur Französischen Revolution – Bestell-Nr. 12 338

Die Aufklärung in England

Wilhelm von Oranien

Die englische Bezeichnung für die Aufklärung ist Enlightenment. Schon ab 1215 hatten sich der englische Hochadel und Klerus durch die Magna Charta[1] vom damaligen König Rechte wie z. B. die erforderliche Zustimmung zur Erhebung von Steuern bestätigen lassen. Ein englisches Parlament entstand, das ca. Mitte des 14. Jahrhunderts aufgeteilt wurde. Im House of Lords (= Oberhaus) waren die Adligen und der Klerus vertreten, im House of Commons (= Unterhaus) die Ritter und reichen Bürger.

Im Laufe der englischen Geschichte gab es wiederholt von Königen u. a. Versuche, die alleinige Herrschaft an sich zu reißen. Doch diese Versuche scheiterten, zumindest auf Dauer. 1679 wurde in England gesetzlich festgelegt: Niemand darf ohne richterliche Anordnung festgenommen werden. 1688/1689 kam es in England zur Glorious Revolution (= „Glorreiche Revolution"). Die Revolution wurde „glorreich" genannt, weil sie unblutig verlief. Der englische König Wilhelm III. von Oranien musste dem Parlament eine Urkunde unterschreiben. Darin war und ist zu lesen (vereinfacht in die deutsche Sprache übersetzt): „ ... Das Parlament ... beschließt alle Gesetze. Der König darf sie nicht ändern. Auch darf er keine Steuern erheben, die das Parlament nicht bewilligt hat. Er darf nur im Krieg Söldner anwerben. Er muss jeden Untertan anhören, der mit einer Bitte oder Klage zu ihm kommt. Der König soll nicht der Herrscher, sondern der Diener seines Volkes sein ..."

Durch die Glorious Revolution wurde England endgültig zu einer Monarchie (= Königreich) mit einer Verfassung. Anfang des 18. Jahrhunderts entstand durch den Zusammenschluss von England (einschließlich Wales) mit Schottland das Königreich Großbritannien. Die Macht des Königs war durch das Parlament, bestehend aus dem House of Lords und House of Commons begrenzt. Bis ins 19. Jahrhundert hinein hatte das House of Lords weitaus mehr Macht als das House of Commons. Man kann die Glorious Revolution als ersten großen Erfolg (= Durchbruch) der Aufklärung bezeichnen.

Aufgabe 1: *Was kannst du in eigenen Sätzen zur Aufklärung in England sagen?*

____

____

Aufgabe 2: *Wie bewertest du die Auswirkungen der Aufklärung in England?*

____

____

[1] magna charta (lat.) = große Urkunde

Der Einfluss der Aufklärung auf die Entstehung der USA

Ab dem 17. Jahrhundert waren viele Europäer (u. a. Engländer) nach Nordamerika ausgewandert, um in Freiheit zu leben. Bei der Gründung der USA setzten sich wesentliche Gedanken und Zielsetzungen der Aufklärung durch. In der Unabhängigkeitserklärung der USA (= United States of America) aus dem Jahr 1776 steht (vereinfacht in die deutsche Sprache) übersetzt:

> „Alle Menschen sind gleich geschaffen. Sie sind von ihrem Schöpfer mit gewissen angeborenen und nicht wegzunehmenden Rechten ausgestattet. Darunter befinden sich das Recht auf Leben, Freiheit und das Streben nach Glück. Zur Sicherung dieser Rechte sind Regierungen unter den Menschen eingesetzt. Die Regierungen haben ihre gerechte Vollmacht durch die Zustimmung der Regierten erhalten. Wenn eine Regierungsform den Zielen schadet, hat das Volk das Recht, die Regierungsform zu ändern oder abzuschaffen und eine neue Regierung einzusetzen …“

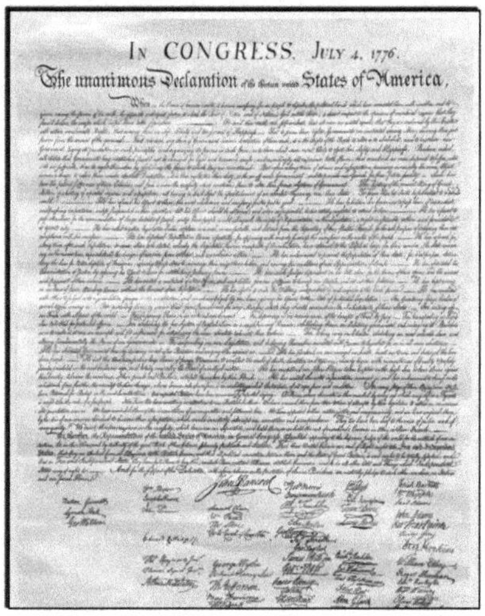
IN CONGRESS. JULY 4, 1776.

Unabhängigkeitserklärung der USA

Aufgabe 1: *Erkläre, welche Gedanken und Zielsetzungen der Aufklärung im genannten Auszug aus der Unabhängigkeitserklärung der USA niedergeschrieben sind.*

Sehr kritisch anzumerken ist aber: Sklaven, Indianer und Frauen besaßen in den USA lange Zeit nicht dieselben Rechte wie die (sonstigen) männlichen Bürger.

KOHL VERLAG Vom Absolutismus zur Französischen Revolution – Bestell-Nr. 12 338

Der Einfluss der Aufklärung auf die Entstehung der USA

Aber erst nach der Niederlage im Siebenjährigen Krieg erkannte das Mutterland England im Jahr 1783 die Unabhängigkeit der damals aus 13 Bundesstaaten bestehende USA an. Seit dem Bestehen der USA steht an der Spitze dieses Staates ein jeweils für 4 Jahre gewählter Präsident. Er übt auf höchster Ebene die ausführende Gewalt (= Exekutive) aus. Der aus dem Senat und Repräsentantenhaus bestehende Kongress bildet die höchste gesetzgebende Gewalt (= Legislative). Gerichte haben die richterliche Gewalt (= Judikative) inne.

Aufgabe 2: *Wie wirk(t)en sich Gedanken und Zielsetzungen der Aufklärung auf den sehr kurz beschriebenen Staatsaufbau der USA aus?*

____

____

____

____

____

____

____

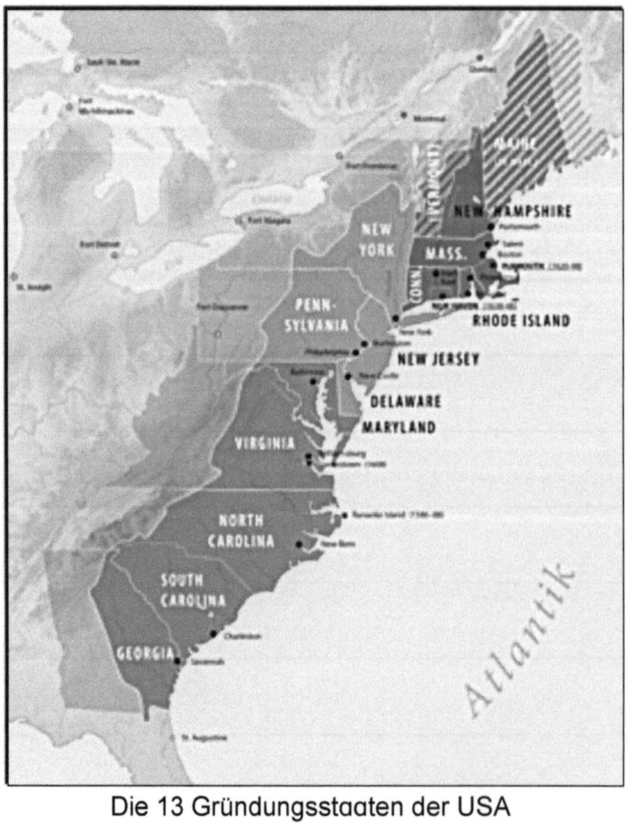

Die 13 Gründungsstaaten der USA

KOHL VERLAG Vom Absolutismus zur Französischen Revolution – Bestell-Nr. 12 338

Widerstand gegenüber und Kritik an der Aufklärung

Auf der einen Seite stieß die Aufklärung auf den Widerstand etlicher Herrscher, die sich den Zielsetzungen der Aufklärung widersetzten oder dies zumindest versuchten. Diese Herrscher waren bestrebt, mit Gewalt ihre Macht(stellung) zu erhalten.

Demgegenüber gab es aber auch von Nichtherrschern Kritik an der Aufklärung. Vertretern der Aufklärung wurde vorgeworfen, zu sehr die Vernunft der Menschen anzusprechen und darauf zu setzen, aber die Gefühle außer Acht lassen bzw. zu vernachlässigen. Ein weiterer Kritikpunkt war, die Aufklärung sei (zu) fortschrittsgläubig ausgerichtet und würde die Realität nicht genügend berücksichtigen. Behauptet wurde sogar, die Aufklärung sei realitätsfremd. Andere Kritiker beanstandeten, Forderungen von Aufklärern würden nicht weit genug gehen. Ferner wurde kritisiert: Vertreter der Aufklärung würden lediglich gründlich über das Leben der Menschen nachdenken, Ideen entwickeln und darüber schreiben, jedoch nicht dementsprechend Maßnahmen ergreifen, also nicht ausreichend (handlungs)aktiv werden.

Aufgabe 1: *Richtig oder Falsch? Welche der folgenden Aussagen sind richtig, welche falsch? Kreuze entsprechend die Aussagen an. Verbessere die falschen Aussagen in deinem Heft/Ordner oder auf der Rückseite des Blattes.*

		Richtig	Falsch
a)	Kritik an der Aufklärung gab es von Herrschern und Nichtherrschern.		
b)	An der Aufklärung wurde die Überbetonung der Gefühle kritisiert.		
c)	Manche meinten, die Aufklärung würde nicht genug die Realität berücksichtigen.		
d)	Viele Nichtherrscher tadelten, die Forderungen der Aufklärer würden zu weit gehen.		
e)	Andere Kritiker rügten die übergroße Aktivität der Aufklärer.		

Aufgabe 2: *Welche Meinung hast du zur erwähnten Kritik an der Aufklärung?*

KOHL VERLAG Vom Absolutismus zur Französischen Revolution – Bestell-Nr. 12 338

Test/Arbeit zum Thema Aufklärung

Aufgabe 1: *Schreibe auf. Was kannst du sagen über …*

1. ... den Beginn der Aufklärung?

2. ... einzelne englische und französische Philosophen der Aufklärung?

3. ... deutsche Philosophen der Aufklärung?

4. ... die Herkunft, Bildung und Versammlungen von Vertretern der Aufklärung?

5. ... insgesamt über die Zielsetzungen der Aufklärung?

6. ... die Aufklärung in England?

7. ... den Einfluss der Aufklärung auf die Entstehung der USA?

8. ... den Widerstand gegenüber und Kritik an der Aufklärung?

3 (Aufgeklärter) Absolutismus im Heiligen Römischen Reich Deutscher Nation

Preußen

Nach dem Ende des Dreißigjährigen Krieges (1648) bestand das Heilige Römische Reich Deutscher Nation aus über 300 unterschiedlich großen Einzelstaaten. Abgesehen von den freien Reichsstädten wurden die Einzelstaaten weitgehend absolutistisch regiert. Zum Heiligen Römischen Reich Deutscher Nation gehörte auch das Kurfürstentum Brandenburg. Das Kurfürstentum befand sich seit ca. Anfang des 15. Jahrhunderts im Besitz der Hohenzollern, einem Herrschergeschlecht, das seinen ursprünglichen Stammsitz in Süddeutschland hat(te).

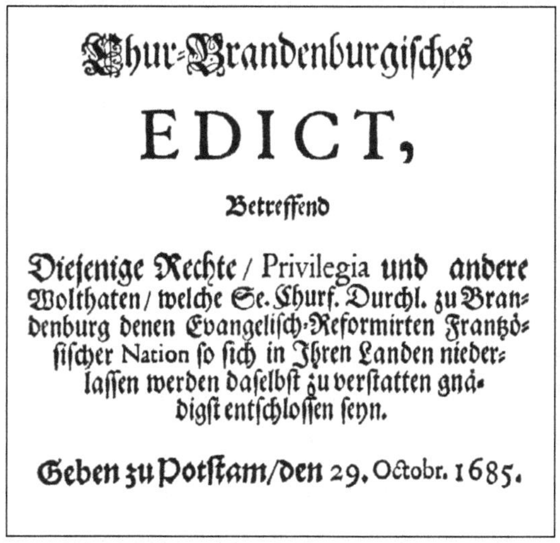
Chur-Brandenburgisches
EDICT,
Betreffend
Diejenige Rechte / Privilegia und andere Wolthaten / welche Se. Churf. Durchl. zu Brandenburg denen Evangelisch-Reformirten Frantzösischer Nation so sich in Ihren Landen niederlassen werden daselbst zu verstatten gnädigst entschlossen seyn.
Geben zu Potstam / den 29. Octobr. 1685.

Edikt von Potsdam

Dem Großen Kurfürsten Friedrich Wilhelm (1620-1688) gelang es durch eine geschickte Politik, das Gebiet Brandenburgs zu vergrößern. Er erwarb im Jahr 1660 endgültig das außerhalb des Heiligen Römischen Reiches Deutscher Nation liegende Herzogtum Preußen, das zuvor noch unter polnischer Lehnsherrschaft stand. Der Name Preußen stammt vom westbaltischen Volk Prußen (= Pruzzen), das in etwa zwischen den Flüssen Weichsel und Memel lebte und im 13. Jahrhundert vom Deutschen Orden (auch Deutschritterorden) und von Polen christianisiert worden war. Der Große Kurfürst Friedrich Wilhelm regierte absolutistisch, er ließ die merkantilistische Wirtschaftsform aufbauen. Per Edikt von Potsdam (1685) nahm der Große Kurfürst ca. 20 000 aus Frankreich geflüchtete Hugenotten in seinem Land auf.

Aufgabe 1: *Beantworte die Fragen in deinem Heft/Ordner oder auf der Rückseite des Blattes.*

1. Was endete im Jahr 1648?
2. Aus wie vielen Einzelstaaten bestand das Heilige Römische Reich Deutscher Nation?
3. Wer besaß seit ca. Beginn des 15. Jahrhunderts das Kurfürstentum Brandenburg?
4. Wer vergrößerte das Kurfürstentum Brandenburg?
5. Welches Gebiet wurde vom Herrscher endgültig erworben?
6. Woher kommt der Name „Preußen“?
7. Wer hatte die Prußen (= Pruzzen) christianisiert?
8. Wie regierte der Große Kurfürst Friedrich Wilhelm?
9. Welche Wirtschaftsform ließ der Herrscher aufbauen?
10. Wer wurde in Brandenburg aufgenommen?

3 (Aufgeklärter) Absolutismus im Heiligen Römischen Reich Deutscher Nation

Preußen

Im Jahr 1701 krönte sich Friedrich I. (1657-1713), der Sohn des Großen Kurfürsten Friedrich Wilhelm, in Königsberg zum König in Preußen. Bald wurde das gesamte Herrschergebiet des Königs als Preußen bezeichnet. Das eigentliche Gebiet Preußen bekam später den Namen Ostpreußen. Friedrich I. war ein absolutistischer Herrscher, der wohl die Wissenschaften und Künste förderte, anderseits den Prunk liebte und sehr viel Geld dafür verschwendete.

Friedrich I.

Friedrich Wilhelm I.

Im Gegensatz dazu führte der nachfolgende preußische König Friedrich Wilhelm I. (1688-1740), der Sohn von Friedrich I., ein sparsames, anspruchsloses, frommes Leben, war aber sehr streng zu seinen Untertanen. 1717 ließ er in Preußen für 5- bis 12-jährige Kinder die Schulpflicht (besser gesagt: Unterrichtspflicht) einführen. Friedrich Wilhelm I. ging in die Geschichte ein als „Soldatenkönig". Er ließ ein starkes preußisches Heer mit großen Soldaten („langen Kerls") aufbauen. Großen Wert legte er auf Gehorsam, eiserne Disziplin, Drill sowie Bestrafungen bei Ungehorsamkeiten.

Aufgabe 2: *Beantworte die Fragen in deinem Heft/Ordner oder auf der Rückseite des Blattes.*

1. Wozu krönte sich Friedrich I. im Jahre 1701?
2. Was förderte Friedrich I.?
3. Welches Leben führte Friedrich I.?
4. Welche Art von Herrscher war der preußische König Friedrich Wilhelm I.?
5. Was ließ Friedrich Wilhelm I. im Jahr 1717 in Preußen einführen?
6. Wie wird Friedrich Wilhelm I. noch bezeichnet?
7. Was verlangte Friedrich Wilhelm I. von seinen Soldaten?

KOHL VERLAG Vom Absolutismus zur Französischen Revolution – Bestell-Nr. 12 338

3 (Aufgeklärter) Absolutismus im Heiligen Römischen Reich Deutscher Nation

Der Lebenslauf des preußischen Königs Friedrich II. (= Friedrich der Große)

Aufgabe 1: **a)** *Bringe die anschließenden 10 Teile des Text-Puzzles in die richtige logische Reihenfolge.*

	Dafür wurde Friedrich II. auf Befehl seines Vaters inhaftiert, der etwa 8 Jahre ältere Leutnant von Katte wurde wegen Beihilfe zum Fluchtversuch hingerichtet.
	In diesem Schloss starb Friedrich II. im Jahr 1786.
	Später lebte Friedrich II. mit seiner Ehefrau aber nicht zusammen, sie hatten auch keine Kinder miteinander.
	Im Jahr 1712 wurde Friedrich II. als Sohn des preußischen Königs Friedrich Wilhelm I. geboren.
	Nach dem Tod seines Vaters wurde Friedrich II. 1740 preußischer König.
	In jüngeren Jahren versuchte Friedrich II. sich der sehr autoritären, militärischen Erziehung durch seinen Vater zu entziehen.
	Nach einiger Zeit versöhnte sich Friedrich II. zumindest äußerlich mit seinem Vater und heiratete auf dessen Anordnung.
	Als 18-Jähriger unternahm Friedrich II. einen gescheiterten Versuch, über Frankreich nach England zu flüchten.
	Er ließ von 1745 bis 1747 in Potsdam das Schloss Sanssouci (= französisch: ohne Sorgen, sorgenfrei) bauen, wo er sich während seiner 46-jährigen Regierungszeit hauptsächlich aufhielt.
	Im Gegensatz zu seinem Vater interessierte sich Friedrich II. u. a. für Musik, Bücher, Tiere (vor allem Hunde) und befasste sich intensiv mit Ideen sowie Zielsetzungen der Aufklärung.

b) *Schreibe nun hier die 10 Sätze des Textes in der richtigen Reihenfolge auf. Schreibe in dein Heft/deinen Ordner oder auf die Rückseite des Blattes.*

____

____

____

____

____

____

____

____

____

____

KOHL VERLAG Vom Absolutismus zur Französischen Revolution – Bestell-Nr. 12 338

3 (Aufgeklärter) Absolutismus im Heiligen Römischen Reich Deutscher Nation

Der aufgeklärte Absolutismus unter Friedrich II.

Für viele Historiker gilt der preußische König Friedrich II. (= Friedrich der Große) als ein exemplarisches Beispiel für den „aufgeklärten Absolutismus". Diese Bezeichnung stammt aus dem 19. Jahrhundert.

Friedrich der Große

Als preußischer König hielt Friedrich II. wie seine Vorgänger am Absolutismus (= Alleinherrschaft) fest. Die Gewaltenteilung des Staates im Sinne des Aufklärers Montesquieu gab es unter Friedrich II. nicht. Friedrich II. bezeichnete sich nicht als ein Herrscher von Gottes Gnaden, sondern als erster Diener des Staates Preußen. Der preußische König regierte nach dem Grundsatz „Alles für die Untertanen (zumindest gab er dies an), aber nichts durch die Untertanen." In Preußen blieben die drei Stände Adel, Bürger und Bauern bestehen. Dabei behielt der privilegierte Adel eindeutig die Vorherrschaft. So besetzten weiterhin Adlige die hohen Stellen u. a. in der Verwaltung und im Militär. In einer schlechten Position waren die Bauern. Viele Bauern waren abhängig von ihren adligen Grundherren.

Aufgabe 1: *Beantworte die folgenden Fragen zum Text.*

1. Inwiefern war die Regierungsform von Friedrich II. absolutistisch?

2. Nach welchem Grundsatz regierte Friedrich II.?

3. Wodurch unterschied sich der Grundsatz, nach dem Friedrich II. regierte, von der Regierungsweise des französischen Königs Ludwig XIV.?

Aufgabe 2: *Welche Meinung hast du zum Grundsatz, nach dem Friedrich II. regierte?*

3 (Aufgeklärter) Absolutismus im Heiligen Römischen Reich Deutscher Nation

Der aufgeklärte Absolutismus unter Friedrich II.

Als preußischer König wurde Friedrich II. (= Friedrich der Große) zum Machtpolitiker. Vor allem ging es ihm darum, die Macht(stellung) Preußens noch weiter zu vergrößern und das Herrschaftsgebiet auszudehnen. Dazu dienten Friedrich II. das starke Heer sowie damit geführte Kriege.

Nachdem Friedrich II. im Jahr 1740 preußischer König geworden war, besetzte er mit Soldaten Schlesien, das Preußen später endgültig als Besitz behielt. Unter Friedrich II. führte Preußen Kriege gegen Österreich, an dessen Staatsspitze seit 1740 die Kaiserin Maria Theresia (1717-1780) stand. Im Kampf gegen Preußen wurde Österreich von Russland und Frankreich unterstützt. Als preußischer Feldherr war Friedrich II. oftmals in Schlachten erfolgreich. Am Ende des Siebenjährigen Krieges (1756-1763), den Preußen auf Befehl des Königs Friedrich II. mit dem Überfall auf Sachsen begonnen hatte, kam Preußen jedoch großes Glück zugute. Die Niederlage Preußens wurde dadurch verhindert: Nach dem Tod der russischen Zarin Elisabeth Petrowna (1709-1762) beendete deren Sohn Peter III. (1728-1762) – ein Bewunderer von Friedrich II. – den Krieg gegen Preußen und schloss Frieden.

Zum Leid Polens hatte Friedrich II. wesentlichen Anteil an der 1. Teilung Polens im Jahr 1772. Preußen, Österreich und Russland teilten unter sich polnische Gebiete auf. Dabei nahm Preußen das Ermland und Westpreußen (ohne Danzig und Thorn) in Besitz. Unter Friedrich II. stieg Preußen zur fünften Großmacht in Europa auf. Die vier anderen Großmächte waren Frankreich, England, Russland und Österreich.

Aufgabe 3: *Fasse den Inhalt der vorherigen und dieser Seite in etwa 5 oder 6 kurzen Sätzen zusammen. Schreibe in dein Heft/deinen Ordner oder auf die Rückseite des Blattes.*

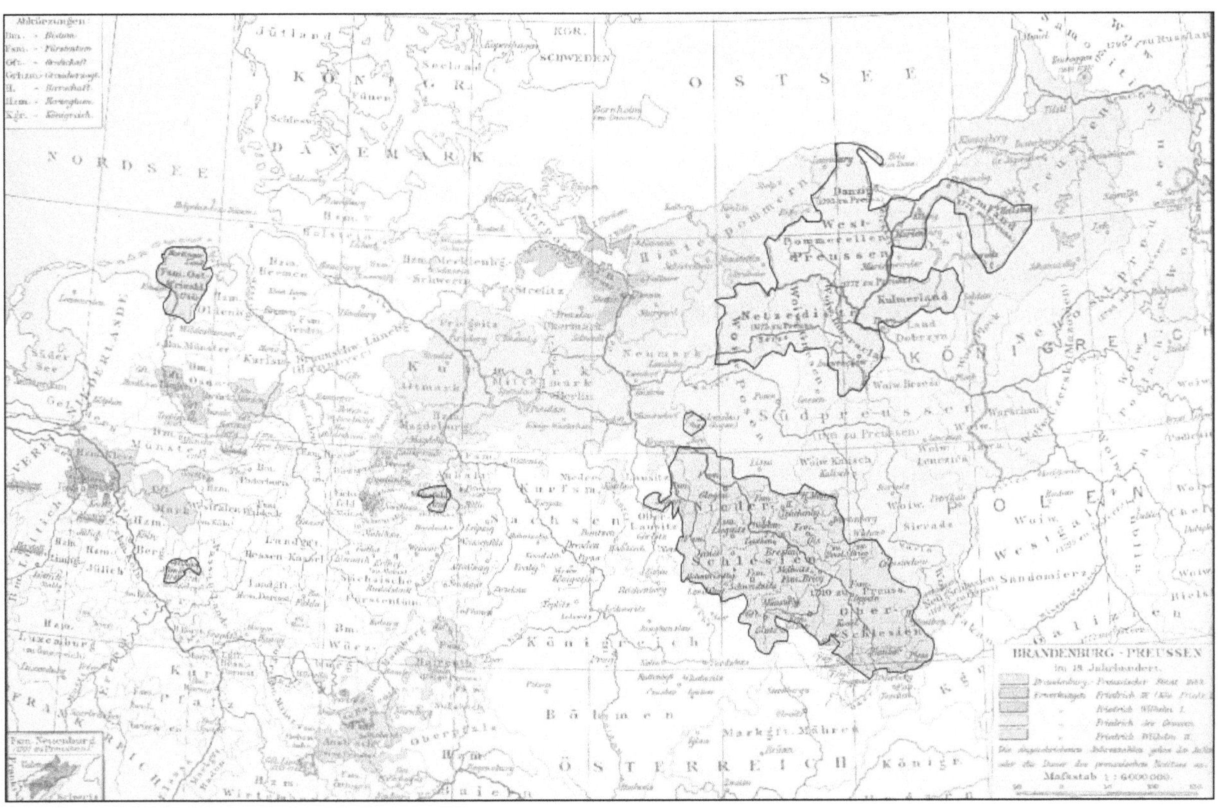

Territoriale Ausweitung unter Friedrich II. (grün)

KOHL VERLAG Vom Absolutismus zur Französischen Revolution – Bestell-Nr. 12 338

3 (Aufgeklärter) Absolutismus im Heiligen Römischen Reich Deutscher Nation

Der aufgeklärte Absolutismus unter Friedrich II.

Friedrich II. und Voltaire

Bei aller Kritik an ihm: Friedrich II. tat sich in aufklärerischer Hinsicht hervor, sonst würde er nicht als exemplarisches Beispiel für den aufgeklärten Absolutismus gelten. Friedrich II. suchte und fand in seinen jüngeren Jahren Kontakte zu Philosophen der Aufklärung. Der bekannteste Philosoph war der Franzose Voltaire (1694 - 1778), der von 1751 bis 1753 als Gast im Schloss Sanssouci bei Friedrich II. lebte, bevor es zu einem vorläufigen Bruch zwischen den beiden Männern kam.

Möglicherweise angeregt durch Voltaire sorgte Friedrich II. für die Glaubensfreiheit in Preußen. Hugenotten und Katholiken waren im protestantischen Preußen willkommen. Juden wurden als Fremde geduldet, mussten aber finanzielle Sonderabgaben an den Staat Preußen leisten. Im Weiteren setzte sich Friedrich II. für die Gleichheit aller vor dem Gesetz ein. Richter als Staatsbeamte sollen unparteiisch und unbestechlich sein. Er gab die Schaffung eines Gesetzbuches („Allgemeines Landrecht") für Preußen in Auftrag. Friedrich II. ließ weitgehend die Folterung von Gefangenen verbieten, erlaubte jedoch weiterhin das bei den Soldaten praktizierte Spießrutenlaufen.

Im Unterschied zu seinem Vater förderte Friedrich II. – selbst ein Flötenspieler – die Künste und Wissenschaften. Er unterstützte den weiteren Bau von Volksschulen. Dort sollten die Schüler, unterrichtet durch nicht ausgebildete Lehrer (z. B. Kriegsversehrte), das Nötigste lernen: Lesen, Schreiben, Rechnen, Religion, Gehorsam, Disziplin.

Ferner setzte sich der König für den Aufbau der merkantilistischen Wirtschaftsform ein. Noch mehr Manufakturen entstanden, z. B. die Porzellanmanufaktur in Berlin. Friedrich II. ordnete an, sumpfige Gebiete in der Nähe der Flüsse Oder, Warthe, Netze zu kolonialisieren. Auch trieb Friedrich II. den Anbau der Kartoffeln als Nahrungsmittel voran. Bezogen auf Landgüter im staatlichen Besitz befahl der preußische König die Befreiung der Bauern von der Leibeigenschaft, nicht jedoch für Landgüter, die Adligen gehörten. Friedrich II. schränkte also nicht die Macht der Adligen ein.

Aufgabe 4: *Stelle als Mind-Map dar, welche aufklärerische Ideen und Zielsetzungen Friedrich II. in Preußen verwirklichte.*

Verwirklichung aufklärerischer Ideen und Zielsetzungen in Preußen unter Friedrich II.

3 (Aufgeklärter) Absolutismus im Heiligen Römischen Reich Deutscher Nation

Der aufgeklärte Absolutismus unter Friedrich II.

Insgesamt gesehen lässt sich über den preußischen König Friedrich II. sagen: In seinen jüngeren Jahren war Friedrich II. Ideen und Zielsetzung der Aufklärung aufgeschlossen. Bezugnehmend darauf setzte er manche Dinge um. Demgegenüber vertrat Friedrich II. in seinen eigenen Schriften (z. B. in seinem Werk „Antimachiavell“ 1739) aufklärerische Vorstellungen – z. B. eine Herrschaft aufbauend auf Humanität –, die er dann als preußischer König (ab 1740) doch nicht realisierte. Es gibt Kritiker, die Friedrich II. sogar vorwerfen, Ideen der Aufklärung ganz bewusst lediglich dazu benutzt zu haben, die eigene Herrschaft zu sichern. Er wurde zu einem absolutistischen Herrscher. Mit zunehmendem Alter baute Friedrich II., der volkstümlich der „Alte Fritz“ genannt wurde und wird, körperlich immer mehr ab. Er wurde unzufrieden, ja griesgrämig, sprach verachtend über sein Volk, zog sich zurück und vereinsamte in seinem Schloss Sanssouci in den letzten Lebensjahren.

Nach dem Tod von Friedrich II. (1786) wurde sein Neffe Friedrich Wilhelm II. (1744 - 1797) der nachfolgende preußische König. Friedrich Wilhelm II. lehnte aufklärerische Forderungen ab und widersetzte sich diesen.

Aufgabe 5: *Suche dir drei der Zitate Friedrichs II aus und erkläre, was sie bedeuten. Schreibe in dein Heft/deinen Ordner oder auf die Rückseite des Blattes.*

1. „Ich will der erste Diener meines Staates sein.“

2. „Die erste Pflicht eines Bürgers ist, seinem Vaterlande zu dienen.“

3. „Die erste Aufgabe des Gesetzgebers bleibt in meinen Augen immer, gleiches Recht für alle zu schaffen.“

4. „In den Gerichtshöfen sollen die Gesetze sprechen und die Herrscher schweigen.“

5. „Die große Kunst besteht nur darin, die Summen zu erheben, ohne die Staatsbürger zu belasten.“

6. „Dankbarkeit gegen sein Volk ist die erste Tugend eines Monarchen.“

7. „In meinem Staate kann jeder nach seiner Fasson selig werden.“

8. „Und wenn Türken nach Berlin kommen, so wollen wir Moscheen für sie bauen, wenn sie nur unser Land bevölkern.“

9. „Gott hilft gegen die stärksten Bataillone.“

10. „Ich bediene mich aller meiner Waffen gegen meine Feinde wie das Stachelschwein, das ... mit allen seinen Spitzen sich verteidigt.“

Vom Absolutismus zur Französischen Revolution – Bestell-Nr. 12 338 KOHL VERLAG

Der aufgeklärte Absolutismus unter Friedrich II. • Pro und Contra

Aufgabe 6: *Überlegt euch in Partnerarbeit Argumente, die aus eurer Sicht für Friedrich II. sprechen (= Pro-Argumente), und Argumente, die gegen Friedrich II. sprechen (= Contra-Argumente). Erstellt eine Tabelle und notiert die Argumente kurz in Stichwörtern.*

Pro-Argumente	Contra-Argumente

Aufgabe 7: *Die Meinungen über Friedrich II. sind sehr unterschiedlich. Welchen stimmst du zu und welchen nicht? Begründe deine Entscheidungen. Schreibe in dein Heft/deinen Ordner oder auf die Rückseite des Blattes.*

Friedrich II.
(= Friedrich der Große)

- Ein typischer Preuße
- Ein kluger Staatsmann
- Ein Kriegstreiber
- Einer der Totengräber Polens
- Ein Philosoph auf dem Königsthron
- Eine widersprüchliche Persönlichkeit
- Ein Mann mit zwei Gesichtern
- Ein machthungriger Mensch
- Ein fortschrittlicher Mensch

KOHL VERLAG Vom Absolutismus zur Französischen Revolution – Bestell-Nr. 12 338

3 (Aufgeklärter) Absolutismus im Heiligen Römischen Reich Deutscher Nation

Die Herrschaft Josephs II. in Österreich

Joseph II.

Neben Friedrich II. wird des Öfteren Joseph II. (1741-1790) als ein weiterer Vertreter des aufgeklärten Absolutismus genannt. Joseph II. war der Sohn der österreichischen Herrscherin Maria Theresia. Ab 1765 war Joseph II. Kaiser des Heiligen Römischen Reiches Deutscher Nation. Zudem regierte er ab diesem Jahr zusammen mit der Kaiserin Maria Theresia in Österreich. Nach dem Tod seiner Mutter Maria Theresia im Jahre 1780 wurde er der alleinige Herrscher von Österreich.

Joseph II. war im Geist der Aufklärung erzogen worden. Er hatte zahlreiche Konflikte mit seiner Mutter, vertrat andere politische Auffassungen als sie. Unter Joseph II., der auch als „gekränkter Menschenfreund“ tituliert wird, kam es in Österreich und zugehörigen Gebieten:

- zur Einführung der Schulpflicht und Ausbildung von Lehrern;
- zur Aufhebung der Leibeigenschaft (gegen den Willen des Adels);
- zur Abschaffung der Folterung;
- zur Glaubensfreiheit (Toleranz des anderen Glaubens, trotz des Vorherrschens des Katholizismus);
- zur Aufsicht des Staates über die Kirchen;
- zur Gewährung von mehr Rechten für die Juden;
- zum Bau von Krankenhäusern, Armenhäusern, Waisenhäusern;

In der Außenpolitik war Joseph II. bestrebt, die österreichische Herrschaft auf weitere Gebiete auszudehnen. Außenpolitisch und innenpolitisch stieß Joseph II. jedoch u. a. mit seinen vielfältigen schnellen Reformen auf starken Widerstand. Deshalb nahm er selbst kurz vor seinem Tod (durch Tuberkulose) so manche Reformen zurück bzw. diese wurden nach seinem Tod zurückgenommen (z. B. die Steuerregulierung). Der preußische König Friedrich II. urteilte über Joseph II.: „Schade für ihn, dass er immer den zweiten Schritt vor dem ersten tat.“ Langfristig gesehen trug Joseph II. aber mit Maßnahmen zum Abbau des Absolutismus und damit zum Fortschritt in Österreich bei. Joseph II. soll von der Herrschaft Friedrichs II. angetan gewesen sein – trotz der bestehenden Rivalität, ja Gegnerschaft zwischen Österreich und Preußen.

Auch andere Herrscher – z. B. die russische Zarin Katharina II. (1729-1796) – sahen sich als aufgeklärte Herrscher, waren es tatsächlich aber weniger. Von manchen Kritikern wird die Bezeichnung aufgeklärter Absolutismus nicht befürwortet. Stattdessen wird u. a. vorgeschlagen, vom reformierten Absolutismus zu sprechen.

__Aufgabe 1__: **a)** *Fasse in etwa sechs eigenen Sätzen die aufgeklärte Herrschaft des Kaisers Joseph II. zusammen.*

b) *Wie bewertest du seine Herrschaft?*

KOHL VERLAG Vom Absolutismus zur Französischen Revolution – Bestell-Nr. 12 338

3 (Aufgeklärter) Absolutismus im Heiligen Römischen Reich Deutscher Nation

Test/Arbeit zum Thema „Aufgeklärter Absolutismus“

Aufgabe 1: *Schreibe auf. Was kannst du sagen über …*

1. ... die Entstehung und die weitere Entwicklung Preußens?

2. ... den Lebenslauf des preußischen Königs Friedrich II. (= Friedrich der Große)?

3. ... den aufgeklärten Absolutismus unter Friedrich II.?

4. ... den aufgeklärten Absolutismus unter Joseph II.?

KOHL VERLAG Vom Absolutismus zur Französischen Revolution – Bestell-Nr. 12 338

4 Die Französische Revolution – Die Anfangsjahre 1789 - 1791

Geschichte live

Es ist das Jahr 1789. Nach einem überstandenen kalten Winter verbreiten sich im französischen Volk große Aufregung und Empörung. Durch Missernten aufgrund schlechter Witterung in den Vorjahren sind die Lebensmittel knapp geworden. Die Versorgung der Bevölkerung mit Lebensmitteln gerät ins Stocken. Die angebotenen Lebensmittel sind teuer, vor allem das Brot. Dies bekommen u. a. die Menschen in der französischen Hauptstadt Paris zu spüren. Leute müssen hungern, da sie nicht genug Geld haben, um Nahrungsmittel zu kaufen.

König Ludwig XVI.

Ganz besonders erzürnt das Volk: Es sollen noch mehr Steuern bezahlen, so ist zumindest zu hören. Der Grund für die Steuererhöhung: Der Staat Frankreich ist hoch verschuldet. In der Staatskasse fehlt viel Geld, ein Bankrott droht. Eine Menge Geld ist ausgegeben worden für das prunkvolle Leben des französischen Königs sowie der zusammen mit ihm agierenden Adligen. Auch die Kriegsführungen Frankreichs (zuletzt die militärische Unterstützung der 1776 gegründeten USA im Unabhängigkeitskrieg gegen das Mutterland England) sind mit erheblichen Kosten verbunden gewesen.

Noch immer besteht in Frankreich die alte Ordnung, in französischer Sprache „Ancien Régime“ genannt. Seit dem Jahr 1774 regiert in Frankreich der König Ludwig XVI. (1754-1793) als absolutistischer Herrscher, Weiterhin existiert die alte Gesellschaftsordnung: erster Stand: (= Klerus, Geistlichkeit); zweiter Stand = Adel; dritter Stand = Volk (Bürger, Bauern ...). Der erste und zweite Stand genießen sehr viele Vorrechte gegenüber dem dritten Stand. Im Vergleich zum dritten Stand müssen der Klerus und der Adel wenig Steuern zahlen. Die beiden bevorzugten Stände besitzen sehr viel Grundbesitz, leben von der Arbeit des dritten Standes, haben das Jagdrecht, dürfen über das Leben ihrer Untergebenen bestimmen, verfügen über eigene Gerichte, besetzen hohe Ämter und vieles andere mehr.

Aber es gibt zunehmend Kritik an dieser alten Ordnung. Aufklärerisch eingestellte Personen (so vor allem der Geistliche Sieyès (1748-1836)) wagen, (z. B. in Flugschriften), das Ancien Régime zu beanstanden, zu missbilligen. Aus den USA sind Franzosen zurückgekehrt, die den USA im Unabhängigkeitskrieg gegen das Mutterland England (1776-1783) geholfen haben. Sie kennen die Unabhängigkeitserklärung der USA und deren Verfassung im Sinne der Aufklärung.

4 Die Französische Revolution – Die Anfangsjahre 1789 - 1791

Geschichte live

Aufgabe 1: *Im Jahre 1789 waren die Aufregung und Empörung im französischen Volk besonders groß. Fülle die Gedanken- und Sprechblasen.*

Aufgabe 2: *Beschreibe die zeitgenössische Karikatur. Was wird kritisiert?*

____

____

____

____

____

____

____

____

____

KOHL VERLAG Vom Absolutismus zur Französischen Revolution – Bestell-Nr. 12 338

4 Die Französische Revolution – Die Anfangsjahre 1789 - 1791

Die Versammlung der Generalstände und der Schwur im Ballhaus

Aufgabe 1: *Setze die folgenden 14 Wörter in den anschließenden Sätzen an der jeweils richtigen Stelle ein.*

Abgeordnete – Adlige – Abstimmung – Anzahl – Ballhaus[1] – Bevölkerung – Einigung – Frankreich – Hoffnung – Nationalversammlung – Steuererhöhungen – Verfahren – Verfassung – Versailles

1. Zum 5.5.1789 berief der König Ludwig XVI. eine Versammlung der drei Generalstände im Schloss ____________________ ein.
2. Zum ersten Mal seit 1614 fand in ____________________ wieder eine Versammlung der drei Generalstände statt.
3. Der erste und der zweite Stand sollten jeweils ca. 300 ______________________ entsenden.
4. Ludwig XVI. gestand dem dritten Stand, der etwa 98 % der französischen ________________________ repräsentierte, ca. 600 Abgeordnete zu.
5. Bei der Versammlung der Generalstände hoffte Ludwig XVI., die Zustimmung zum Abbau der Staatsschulden durch u. a. ________________________ zu bekommen. Doch diese _________________ erfüllte sich nicht.
6. Mehrere Wochen wurde darüber diskutiert, nach welchem _________________ zu Entscheidungsfindungen abgestimmt werden sollte.
7. Die Vertreter des ersten und zweiten Standes hielten an der _________________ nach Ständen fest: jeder Stand sollte über 1 Stimme verfügen.
8. Dagegen verlangten die Vertreter des dritten Standes eine Abstimmung nach der _________________ der Abgeordneten. Eine __________________ kam nicht zustande.
9. Daraufhin erklärten sich am 17.06.1789 die Abgeordneten des dritten Standes auf Antrag des Geistlichen Sieyés zur (verfassungsgebenden) ____________________.
10. Nachdem der König Ludwig XVI. den Versammlungsort im Schloss Versailles hatte sperren lassen, zogen die Abgeordneten des dritten Standes am 20.06.1789 in der Nähe in ein ____________________.
11. Obwohl Ludwig XVI. Soldaten zusammengezogen hatte, schworen die Abgeordneten des dritten Standes nicht eher auseinanderzugehen, bis es in Frankreich eine (neue) ____________________ gebe.
12. So manche Vertreter des ersten Standes sowie einige ___________________ traten der Nationalversammlung bei; die meisten Personen in der Nationalversammlung waren Bürger, kleine Handwerker oder Bauern.

[1] Halle, in der sonst tennis-, squashähnliche Spiele ausgetragen wurden

4 Die Französische Revolution – Die Anfangsjahre 1789 - 1791

Die Versammlung der Generalstände und der Schwur im Ballhaus

Aufgabe 2: *Beantworte nun die folgenden Fragen.*

a) Warum berief Ludwig XVI. im Jahr 1789 eine Versammlung der Generalstände ein?

b) Was meinst du dazu, dass Ludwig XVI. dem ersten und zweiten Stand die Entsendung von jeweils ca. 300 Abgeordneten sowie dem dritten Stand ca. 600 Abgeordnete zugestand?

c) Wieso ergab sich auf der Versammlung der Generalstände keine Einigung?

d) Was ist mit dem Schwur im Ballhaus gemeint?

KOHL VERLAG Vom Absolutismus zur Französischen Revolution – Bestell-Nr. 12 338

Der Sturm auf die Bastille

Der Sturm auf die Bastille

Die Versammlung der drei Generalstände, der Schwur im Ballhaus und die Bildung der Nationalversammlung leiteten die (Große) Französische Revolution[1] ein. Danach kam es zum offenen, gewaltsamen Ausbruch der Revolution.

Zwar hatte Ludwig XVI. gegen Ende Juni 1789 auf Druck der Bildung der Nationalversammlung im Nachhinein zugestimmt. Doch insbesondere die hungernde Bevölkerung in Paris und der Umgebung befürchtete, der französische König würde mit seinen zusammengezogenen Soldaten versuchen, die alte Ordnung wiederherzustellen. Deshalb besorgten sich die Volksmassen (Bürger, Handwerker, Arbeiter ...) Waffen, wo es möglich war (u. a. in Zeughäusern).

Am 14.07.1789 nahmen Aufständische in Paris das verhasste Staatsgefängnis – die Bastille – in Besitz, das als ein Symbol des Absolutismus galt. Bei dem sogenannten Sturm auf die Bastille sollen ca. 160 Personen (hauptsächlich Belagerer und Angreifer) um das Leben gekommen sein. Einige Mitglieder der Besatzung der Bastille wurden nach der Eroberung von Aufständischen gelyncht (= ungesetzlich getötet). In der Bastille befanden sich wahrscheinlich nur 7 unpolitische Gefangene. Dennoch hatte der Sturm auf die Bastille Signalwirkung. Die Nachricht von der erfolgreichen Eroberung der Bastille verbreitete sich und führte dazu: An vielen Orten in Frankreich erhoben sich unterdrückte Franzosen (vor allem Bauern, Landarbeiter, Kleinbürger ...) mit Waffen gegen Adlige und hohe Geistliche. Die Aufständischen verwüsteten oder zerstörten u. a. Schlösser von Adligen sowie Amtssitze (Klöster ...) von hohen Geistlichen. Hauptsächlich Bauern besorgten sich Unterlagen (Urkunden ...), woraus hervorging, zu welchen Leistungen sie gegenüber Adligen und Geistlichen verpflichtet waren, und vernichteten sie. Der 14.07.1789 ging in die französische Geschichte als (ein) Tag der Befreiung vom Absolutismus. Noch heute ist der 14. Juli in jedem Jahr der Nationalfeiertag Frankreichs.

Zwei Tage nach dem Sturm auf die Bastille wurde mit dem Abriss des Bauwerkes begonnen. Dieser Abriss soll sich bis zum Herbst 1790 hingezogen haben.

[1] revolutio (lat.) = Umdrehung, Umwälzung, Umsturz. Mit dem Wort Revolution ist in diesem Fall ein Umsturz, eine umfangreiche Veränderung gemeint. Revolutionen erfolgen häufig gewaltsam.

KOHL VERLAG Vom Absolutismus zur Französischen Revolution – Bestell-Nr. 12 338

4 Die Französische Revolution – Die Anfangsjahre 1789 - 1791

Der Sturm auf die Bastille

Aufgabe 1: *Ergänze die folgenden Satzanfänge.*

1. Die (Große) Französische Revolution begann ...

   ____

2. Die Bevölkerung von Paris und Umgebung glaubte, ...

   ____

3. Mit Waffen wollten ...

   ____

4. Die Bastille galt ...

   ____

5. Den Aufständischen gelang es, ...

   ____

6. Es kamen dabei ...

   ____

7. Nach dem Sturm auf die Bastille ...

   ____

8. So manche Schlösser und Klöster ...

   ____

9. Vor allem Bauern ...

   ____

10. Der 14. Juli ...

    ____

Aufgabe 2: *Schreibe eine Fortsetzung der Reportage und bereite dich darauf vor, diese zu präsentieren.*

„Sehr geehrte Damen und Herren!
Ich melde mich aus Paris. Die französische Hauptstadt kommt offenbar nicht zur Ruhe. Während der König Ludwig XVI. einem seiner Hobbys nachging und auf einer Jagd weilte – so lauten jedenfalls die Meldungen – kam es heute in Paris zu dramatischen Ereignissen …"

KOHL VERLAG Vom Absolutismus zur Französischen Revolution – Bestell-Nr. 12 338

4 Die Französische Revolution – Die Anfangsjahre 1789 - 1791

Ursachen der Französischen Revolution

Ursachen der Französischen Revolution

- Armut des Volkes
- die USA als Vorbild
- Missernten, Hungersnot
- Streben der Bildungsbürger nach Mitbestimmung
- Unterdrückung, vor allem der Bauern
- Verbreitung aufklärerischer Ideen
- Vorrechte des 1. und 2. Standes
- hohe finanzielle Belastung des 3. Standes
- prunkvolles, verschwenderisches Leben vieler Adliger
- drohender Staatsbankrott in Frankreich

Aufgabe 1: *Verfasse zum oberen Schaubild „Ursachen der Französischen Revolution" einen zusammenhängenden Text in vollständigen Sätzen.*

KOHL VERLAG Vom Absolutismus zur Französischen Revolution – Bestell-Nr. 12 338

4 Die Französische Revolution – Die Anfangsjahre 1789 - 1791

Die Nationalversammlung

Aufgabe 1: **a)** *Verbinde jeweils mit einer Linie, welcher Satzanfang und welche Satzendung zusammengehören.*

1	Die Nationalversammlung berief sich
2	Demnach ging die Staatsgewalt
3	Als Vertretung des gesamten französischen
4	Sie arbeitete auf eine (neue)
5	Dafür benötigte die Nationalversammlung
6	Doch zunächst hob die Nationalversammlung die sehr
7	Die Aufhebung erfolgte in der Abend- und
8	So wurden u. a. die Leibeigenschaft und
9	Die Gerichtsbarkeit durch adelige Grundherren wurde
10	Alle Staatsbürger sollten

a)	aber noch längere Zeit.
b)	Verfassung für Frankreich hin.
c)	Nachtsitzung vom 4.8. zum 5.8.1789.
d)	vom Volk aus.
e)	gleich steuerpflichtig sein.
f)	verboten, auch die Käuflichkeit von Ämtern.
g)	auf die Volkssouveränität.
h)	vielen Privilegien (= Vorrechte) der Adligen und Geistlichen auf.
i)	Frondienste der Bauern abgeschafft.
j)	Volkes verstand sich die Nationalversammlung.

b) *Schreibe nun die zehn Sätze vollständig und in der richtigen Reihenfolge auf.*

KOHL VERLAG Vom Absolutismus zur Französischen Revolution – Bestell-Nr. 12 338

Die Menschenrechte

Am 26.08.1789 verkündete die Nationalversammlung in Paris die Menschenrechte. Vorbild waren die in den USA im Jahr 1776 verkündeten Menschenrechte. Die wichtigsten Menschenrechte lauteten (frei übersetzt):

Die Menschenrechte

- Die Menschen werden frei und gleich an Rechten geboren und bleiben es.
- Diese Rechte sind Freiheit, Eigentum, Sicherheit und Widerstand gegen Unterdrückung.
- Die Freiheit besteht darin, alles tun zu können, was einem anderen nicht schadet.
- Da das Eigentum ein unverletzliches Recht ist, kann es niemandem genommen werden, wenn es nicht die gesetzlich festgelegte öffentliche Notwendigkeit erfordert und unter der Bedingung einer gerechten und vorherigen Entschädigung.
- Da alle Bürger vor dem Gesetz gleich sind, sind sie auch alle in der gleichen Weise zu allen Ehrenämtern, öffentlichen Stellungen und Beschäftigungen gemäß ihrer Fähigkeiten zugelassen.
- Niemand darf außer in bestimmten Fällen angeklagt, verhaftet oder gefangengehalten werden.
- Niemand darf wegen seiner Ansichten (selbst nicht religiösen), bedrängt werden, vorausgesetzt, dass ihre Äußerung nicht die durch das Gesetz festgelegte öffentliche Ordnung stört.
- Die freie Mitteilung der Gedanken und Ansichten ist eines der kostbarsten Menschenrechte. Daher kann jeder Bürger frei sprechen, schreiben, drucken.
- Für die Unterhaltung der öffentlichen Gewalt und für die Verwaltungsausgaben ist eine allgemeine Abgabe unerlässlisch. Sie muss gleichmäßig auf alle Bürger gemäß ihrem Vermögen verteilt werden.

Menschenrechte zitiert nach:
- H. Heumann: Geschichte für morgen - Bd. 3 Grundlagen unserer Gesellschaft (1648-1919), Frankfurt/Main o.J.; S. 57
- Zeiten und Menschen - Ausgabe C 3; hrsg. von den Verlagen Schöningh und Schroedel, Paderborn 1978; S. 76

Aufgabe 1: *Fasse den Inhalt des Textes „Die Menschenrechte“ in eigenen Sätzen zusammen. Schreibe in dein Heft/deinen Ordner oder auf die Rückseite des Blattes.*

Frauen während der Französischen Revolution

Über 7000 Frauen zogen zu Fuß von Paris zum Schloss Versailles.

Auch Frauen waren an der Französischen Revolution beteiligt, sie gehörten ebenfalls zu den Aufständischen. Ins Rampenlicht der Öffentlichkeit gelangten Frauen am 5.10. und 6.10.1789. Über 7 000 u. a. Brot fordernde Frauen zogen zu Fuß bei ständigem Regen von Paris zum Schloss Versailles. Sie zwangen den König Ludwig XVI., endlich die Beschlüsse der Nationalversammlung anzuerkennen und zu unterschreiben. Außerdem brachten sie den König dazu, sogleich mit der Familie sowie den Bediensteten nach Paris umzuziehen. Ein paar Tage später verlegte die Nationalversammlung ihren Sitz von Versailles nach Paris.

Doch sonst spielten die Frauen während der Französischen Revolution insgesamt gesehen eine untergeordnete Rolle. Es gab Frauen (z. B. Olympe de Gouges (1748 - 1793)), die dieselben Rechte forderten, wie die Männer besaßen oder erhielten. Aber nur sehr wenige Männer (z. B. Marquis de Condorcet (1743 - 1794) setzten sich für die Frauenrechte ein. Die allermeisten Männer lehnten die Mitbestimmung und Gleichberechtigung von Frauen ab. Erst im Jahr 1946 erhielten die Frauen in Frankreich das Wahlrecht. Ab Oktober 1793 wurden durch die herrschenden radikalen Revolutionäre (= Jakobiner) Frauenclubs verboten, Frauen die politische Betätigung untersagt. Frauen, die sich nicht daran hielten, lebten in Gefahr. Etliche Frauen, die Kritik an der Herrschaft der Jakobiner übten, wurden von diesen hingerichtet (so auch Olympe de Gouges im Jahr 1793).

Aufgabe 1: *Was taten Frauen am 5. und 6.10.1789?*

Aufgabe 2: *Beantworte die Fragen in deinem Heft/Ordner oder auf der Rückseite des Blattes.*

a) *Was meinst du dazu, was Frauen am 5. und 6.10.1789 taten?*

b) *Was hältst du von den u. a. während der Französischen Revolution bestehenden Forderungen nach Mitbestimmung und Gleichberechtigung der Frauen?*

4 Die Französische Revolution – Die Anfangsjahre 1789 - 1791

Erste politische Maßnahmen der Nationalversammlung

Nach dem Umzug nach Paris ließ die Nationalversammlung ab November 1789 die Kirchengüter in Frankreich verstaatlichen. Im Weiteren beschloss die Nationalversammlung die Ausgabe von Papiergeld[1], das durch die Werte der Kirchengüter gedeckt sein sollte. Ebenfalls noch im Jahr 1789 entschied die Nationalversammlung, Frankreich anstelle von Provinzen in 83 zentral von Paris aus verwaltete Departements mit weiterer hierarchischer Untergliederung einzuteilen.

Neue Französische Nationalflagge

Im nächsten Jahr hob die Nationalversammlung den Bestand an Klöstern sowie kirchliche Orden auf. Zudem schaffte die Nationalversammlung Adelstitel ab. So manche Adlige flüchteten ins benachbarte Ausland. In Frankreich verbesserte sich 1790 die Versorgungslage mit Nahrungsmitteln. Dennoch gab es auf dem Land verstärkt Aufstände durch Bauern. Am 14.07.1790 wurde in Paris das einjährige Jubiläum des Sturms auf die Bastille gefeiert. Im Herbst des Jahres 1790 führte die Nationalversammlung die „Trikolore" als neue französische Nationalflagge ein. Rot und Blau waren die Stadtfarben von Paris. Weiß die Farbe des französischen Königtums. Zunächst war die Reihenfolge der drei Farben vom Flaggenmast aus Rot, Weiß und Blau. 1794 wurde die auch heute noch bestehende Reihenfolge Blau, Weiß, Rot festgelegt. Ferner vereinbarte die Nationalversammlung die Aufhebung aller Binnenzölle in Frankreich sowie die Geistlichen dazu zu verpflichten, den Eid auf den Staat Frankreich zu leisten.

Aufgabe 1: *Richtig oder Falsch? Welche der folgenden Aussagen sind richtig, welche falsch? Kreuze entsprechend die Aussagen an. Verbessere die falschen Aussagen in deinem Heft/Ordner oder auf der Rückseite des Blattes.*

		Richtig	Falsch
a)	Im November 1789 wurde der Besitz der Kirche verstaatlicht.		
b)	Frankreich wurde in 97 Departements eingeteilt.		
c)	Die französische Nationalflagge heißt auch „Multicolore".		
d)	Die Farbe Blau steht für das französische Königtum, Rot und Weiß für Paris.		

[1] = Assignaten (assignare (lat.) = anweisen   Die Assignaten verloren alsbald an Wert, 1797 wurden sie für ungültig erklärt.

4 Die Französische Revolution – Die Anfangsjahre 1789 - 1791

Erste politische Maßnahmen der Nationalversammlung

Aufgabe 2: *Beschreibe anhand der Karikatur, in welcher Lage sich Ludwig XVI. 1791 befand.*

« Que fais-tu là, beau-frère? — Je sanctionne. »

Kaiser Leopold II.:[1] „Was machst du da, Schwager?"

Ludwig XVI. (im Käfig): „Ich unterschreibe."

Aufgabe 3: **a)** *Was war Inhalt der französischen Verfassung von 1791?*

b) *Wie beurteilst du die französische Verfassung von 1791?*

[1] Der Habsburger Leopold II. (1747 - 1792) war von 1790 - 1792 Kaiser des Heiligen Römischen Reiches Deutscher Nation.

4 Die Französische Revolution – Die Anfangsjahre 1789 - 1791

Das Jahr 1791

Im Juni 1791 versuchte der französische König Ludwig XVI. mit seiner Familie aus Frankreich zu fliehen. Doch dieser Versuch scheiterte in Lothringen bei Varennes, nicht weit von der Grenze. Danach stand Ludwig XVI. mit seiner Familie in Paris im königlichen Schloss (Tuilerien) unter ständiger Beobachtung und Gewahrsam. Nach dem Fluchtversuch sank das Ansehen des Königs zunehmend.

Proklamation der Verfassung, 14. September 1791

Dennoch hielt die damalige Nationalversammlung mehrheitlich am Königtum fest. Anfang September 1791 nahm die Nationalversammlung die für Frankreich entworfene Verfassung an. Noch im selben Monat leistete Ludwig XVI. den Eid auf diese Verfassung. In der Verfassung wurden u. a. die Menschen- und Bürgerrechte verankert. Die französische Verfassung enthielt die Gewaltenteilung. Demnach bildeten die (gesetzgebende) Nationalversammlung die gesetzgebende Gewalt (= Legislative), der König auf oberster Ebene die ausführende Gewalt (= Exekutive) sowie die Gerichte die richterliche Gewalt (= Judikative). Beim Beschluss von Gesetzen besaß der König ein aufschiebendes Recht zum Einspruch (= Veto[1]).

Am 01.10.1791 trat erstmals die gesetzgebende Nationalversammlung zusammen. Sie bestand aus fast 750 zuvor gewählten Abgeordneten (ab 25 Jahre alte Männer, die eine bestimmte Mindesthöhe an Steuern zahlten (= Aktivbürger)). Sie wählten die Wahlmänner, die dann die Abgeordneten wählten. Der gesetzgebenden Nationalversammlung durften keine Personen angehören, die vorher Mitglieder der verfassungsgebenden Nationalversammlung waren.

Aufgabe 1: *Beantworte die Fragen zum Text.*

a) *Warum wohl versuchte Ludwig XVI. mit seiner Familie aus Frankreich zu fliehen?*

b) *Welche Folgen hatte der gescheiterte Fluchtversuch für Ludwig XVI.?*

____

____

____

____

[1] veto (lat.) = Ich verbiete.

4 Die Französische Revolution – Die Anfangsjahre 1789 - 1791

Test/Arbeit zum Thema Französische Revolution (I)

Aufgabe 1: *Schreibe auf. Was kannst du sagen über…*

1. ... die Versammlung der Generalstände und den Schwur im Ballhaus?

____

____

2. ... den Sturm auf die Bastille?

____

____

3. ... die Ursachen der Französischen Revolution?

____

____

4. ... die Nationalversammlung?

____

____

5. ... die im August 1789 verkündeten Menschenrechte?

____

____

6. ... (die) Frauen während der Französischen Revolution?

____

____

7. ... den weiteren Verlauf der Französischen Revolution bis Ende 1790?

____

____

8. ... die wesentlichen Ereignisse im Jahr 1791?

____

____

KOHL VERLAG Vom Absolutismus zur Französischen Revolution – Bestell-Nr. 12 338

5 Innen- und Außenpolitische Entwicklungen ab 1792

Frankreich im Krieg gegen Österreich und Preußen

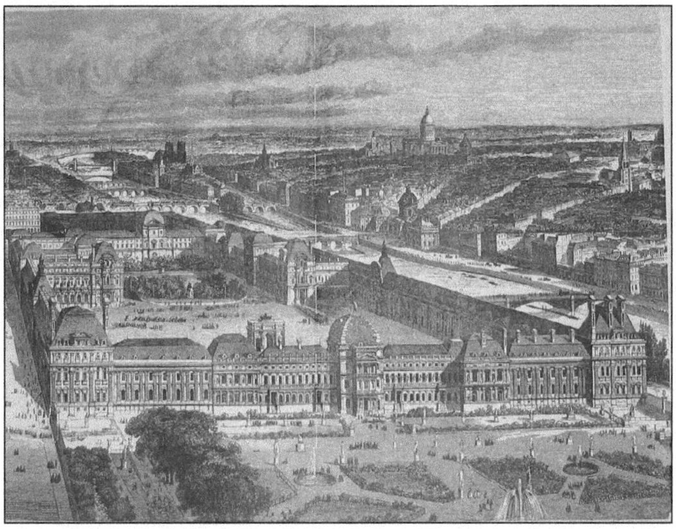

Tuilerien-Palast in Paris, 1857

Der Französischen Revolution drohte außenpolitisch Gefahr. Die Herrscher Österreichs und Preußens hatten sich verbündet, um die Französische Revolution niederzuschlagen und ein Übergreifen auf das eigene Land zu verhindern. Zur Verteidigung der Revolution erklärte Frankreich auf Beschluss der gesetzgebenden Nationalversammlung im April 1792 den Krieg zuerst an Österreich. Doch österreichische und preußische Truppen schlugen die französischen Soldaten zunächst immer weiter zurück in Richtung Paris. Vor allem aufgrund der österreichischen und preußischen Bedrohung nahm der Hass auf den König Ludwig XVI. bei vielen Anhängern der Französischen Revolution zu. Ludwig XVI. wurde verdächtigt, ein Verräter zu sein. Im August 1792 stürmte eine Volksmenge das königliche Schloss (Tuilerien) in Paris. Ludwig XVI. flüchtete zum Schutz mit seiner Familie zur Nationalversammlung. Diese gewährte Schutz. Sie setzte jedoch Ludwig XVI. als König ab und ließ ihn in Paris inhaftieren.

Aufgabe 1: *Beantworte die Fragen in deinem Heft/deinem Ordner oder auf der Rückseite des Blattes.*

1. Welche Staatsform hatte Frankreich seit dem September 1791?
2. Welche Staaten waren eine Gefahr für die Französische Revolution?
3. Mit welchem Ziel verbündeten sich die beiden Staaten?
4. Wer wurde zunehmend gehasst?
5. Was wurde über Ludwig XVI. behauptet?
6. Welches Bauwerk wurde im August 1792 gestürmt?
7. Wohin floh Ludwig XVI. mit seiner Familie?
8. Was geschah mit Ludwig XVI.?

5 Innen- und Außenpolitische Entwicklungen ab 1792

Von der konstitutionellen Monarchie zur Republik

Seit dem September 1791 war Frankreich eine Monarchie mit einer Verfassung (= konstitutionelle[1] Monarchie), sollte es aber nicht lange bleiben.

Vorzeitig ließ die Nationalversammlung, die sich in den Nationalkonvent[2] umbenannte, Neuwahlen zum Nationalkonvent durchführen. Wahlberechtigt waren erstmals alle mindestens 21 Jahre alten männlichen Personen, sofern sie nicht Dienstboten oder Ähnliches waren. Das Wahlrecht war nicht mehr beschränkt auf Bürger (Aktivbürger), die über ein bestimmtes Mindesteinkommen verfügten. Es bestand also kein Zensuswahlrecht mehr. Die Beteiligung der Wahlberechtigten an den Wahlen zum Nationalkonvent soll landesweit gesehen gering (ca. 10 %) gewesen sein. Der Nationalkonvent schaffte sogleich die Monarchie ab. Am 22.09.1792 erklärte der Nationalkonvent Frankreich zu einer Republik (= Volksstaat).

Die Sansculotten

Die Ereignisse in Frankreich, vor allem in Paris, wurden noch dramatischer. Anfang September 1792 verübten fanatische Anhänger der Revolution hauptsächlich in Paris Massenmorde. Die Täter drangen in Gefängnisse ein und töteten grausam vor allem inhaftierte Adlige, aber auch eingesperrte Geistliche oder Kriminelle. Diese Aktion ging in die Geschichte der Französischen Revolution ein als „Septembermorde". Zu den Tätern gehörten auch sogenannte Sansculotten[3]. Sie waren Aufständische aus den unteren Schichten des Französischen Volkes mit Berufen wie z. B. Arbeiter, Handwerker, Tagelöhner.

Aufgabe 1: *Richtig oder Falsch? Welche der folgenden Aussagen sind richtig, welche falsch? Kreuze entsprechend die Aussagen an!*

Verbessere die falschen Aussagen in deinem Heft/Ordner oder auf der Rückseite des Blattes.

		Richtig	Falsch
1.	Fanatische Königsanhänger begingen die „Septembermorde".		
2.	An den „Septembermorden" waren auch Sansculotten beteiligt.		
3.	Die Sansculotten gehörten zu den unteren Schichten des französischen Volkes.		
4.	An den Wahlen zum Nationalkonvent durften Männer erst ab 25 Jahren teilnehmen, die ein bestimmtes Mindesteinkommen hatten.		
5.	Sehr viele Wahlberechtigte nahmen ihr Stimmrecht bei den Wahlen zum Nationalkonvent wahr.		
6.	Nach langen Diskussionen löste der Nationalkonvent die Monarchie auf.		
7.	Aus Frankreich wurde noch im September 1792 eine Republik.		

[1] constitutio (lat.) = Einrichtung, Anordnung, Verfassung

[2] conventus (lat.) = Zusammenkunft

[3] Sanculotten = Lange Hosen

KOHL VERLAG Vom Absolutismus zur Französischen Revolution – Bestell-Nr. 12 338

5 Innen- und Außenpolitische Entwicklungen ab 1792

Die Hinrichtung des französischen Königs

Der Nationalkonvent klagte Ludwig XVI. Ende des Jahres 1792 an und entschied schließlich über ihn. Am 21.01.1793 wurde Ludwig XVI. mit der Begründung der Verschwörung gegen die Freiheit und des Anschlags gegen die Sicherheit Frankreichs in Paris öffentlich mit einer Guillotine (= Fallbeil) hingerichtet.

Die Hinrichtung des französischen Königs

Aufgabe 1: *Beschreibe, was auf dem Bild zu sehen ist.*

5 Innen- und Außenpolitische Entwicklungen ab 1792

Revolutionäre Gruppierungen

Sansculotten[1] - Wer waren das?

„Der Sansculotte fällt durch seine Kleidung und durch bestimmte Manieren auf. ... Er trägt weder goldfarbene Kniehosen noch Seidenstrümpfe, sondern eine lockere, lange Hose... und eine kurze Jacke... Die Pike ist der Ausdruck der Macht des bewaffneten Volkes. Ein Sansculotte sagt nicht „Herr", sondern „Bürger". Er will auch, dass sich die Leute duzen... Wenn er sich mit einer Bitte an Abgeordnete wendet, unterschreibt er: „Dein gleichberechtigter XY"! Die Offiziere sollen eigentlich keine Schulterstücke tragen und auf jeden Fall wie die einfachen Soldaten aus dem Kochgeschirr essen. Als Kopfbedeckung trägt der Sansculotte eine rote Mütze, wie sie in der Antike von freigelassenen Sklaven getragen wurde. Ein Sansculotte ist ein Gleichheitsfanatiker."[2]

Ein Sansculotte

Girondisten und Jakobiner

In dem aus über 700 Abgeordneten zusammengesetzten Nationalkonvent gab es verschiedene Gruppierungen. Die beiden bedeutendsten davon waren im ersten Halbjahr 1793 die Girondisten und die Jakobiner. Die Girondisten vertraten die Interessen des gehobenen Bürgertums, die Jakobiner sahen sich als Vertreter der sozialen Schichten darunter, wozu Arbeiter, Handwerker oder einfache Kaufleute gehörten. Führende Jakobiner (Robespierre, Danton, Marat ...) agierten außerhalb des Nationalkonvents zusammen mit Sansculotten. Die Bezeichnung Girondisten ist darauf zurückzuführen: Mehrere führende Girondisten stammten aus der Gironde, einem Gebiet und zugleich Department an der Mündung der Garonne mit der Hauptstadt Bordeaux. Die Jakobiner sind benannt nach ihrem Treffpunkt, dem Kloster St. Jakob bei Paris. Sie wurden und werden bisweilen auch (als zugehörig zur) „Bergpartei", (franz. = Montagnards) bezeichnet, da sie im Nationalkonvent auf höher gelegenen Plätzen saßen.

Maximilien de Robespierre

[1] Die Aufständischen trugen keine Kniehosen, sondern lange Hosen (sans-culotte (franz.) = ohne Kniehose).

[2] F. Furet, D. Richet: Die Französische Revolution; Frankfurt / Main 1968, S. 275, zitiert nach: W. Hug u.a.: Geschichtliche Weltkunde – Band 2; 2. Aufl.; Frankfurt/Main; Berlin, München 1975; S. 131 und 132

Revolutionäre Gruppierungen

Aufgabe 1: *Löse nun das Kreuzworträtsel zum Thema.*

1. Welche der drei Gruppen war nicht im Nationalkonvent vertreten?
2. Wie waren die Hosen der Sansculotten?
3. Oben trugen Sansculotten eine kurze ...
4. Als Waffe verwendeten sie eine ...
5. Mit diesem Wort sprachen sich Sansculotten gegenseitig an: ...
6. Auf dem Kopf trugen sie eine ... Mütze.
7. Was wollten die Sansculotten politisch erreichen?
8. Welche Gruppe vertrat die Interessen des gehobenen Bürgertums?
9. Woher stammten einige führende Girondisten?
10. Der Treffpunkt der Jakobiner war ein ... bei Paris.

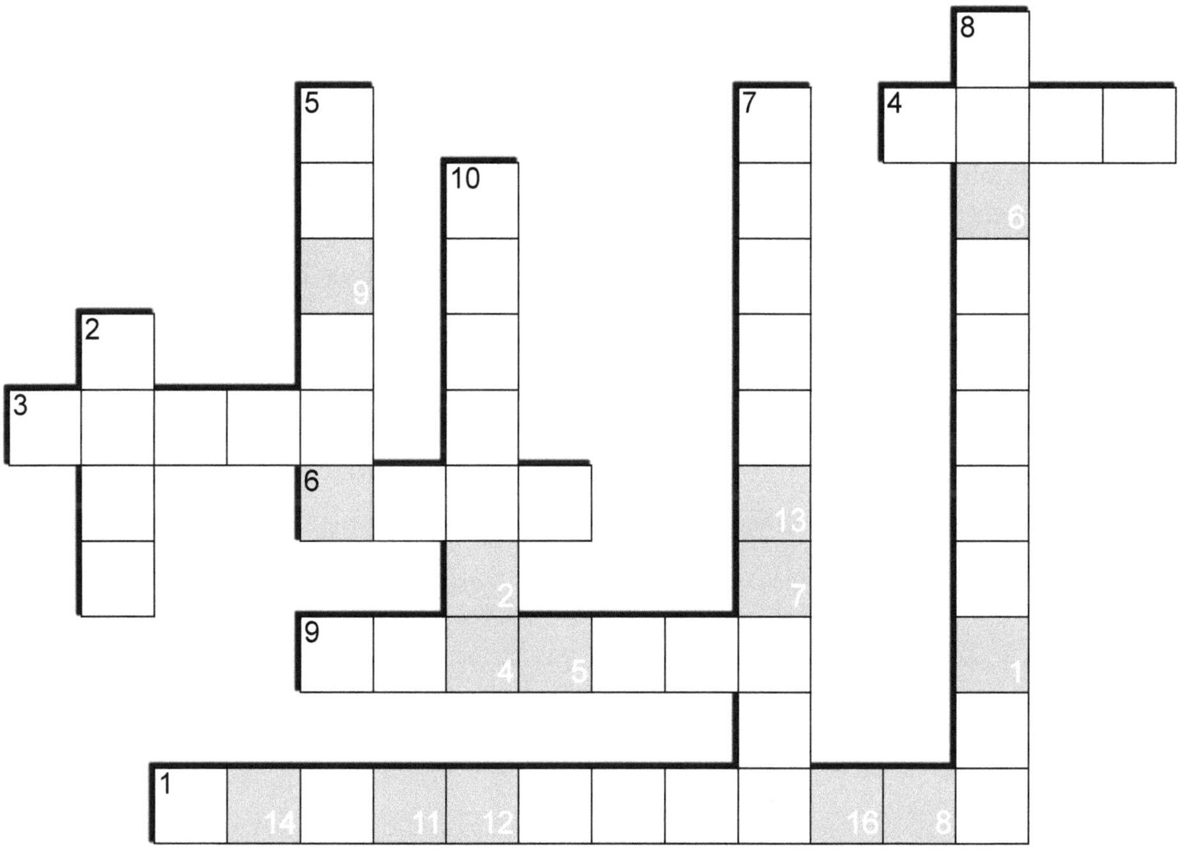

1	2	R	4	5	6	7	8	9	R	11	12	13	14	F	16

KOHL VERLAG Vom Absolutismus zur Französischen Revolution – Bestell-Nr. 12 338

5 Innen- und Außenpolitische Entwicklungen ab 1792

Frankreich im Krieg gegen innere und äußere Feinde

Das Revolutionstribunal

Nach der Hinrichtung des Königs Ludwig XVI. erklärte Frankreich auf Beschluss des Nationalkonvents den Krieg an England und an die Niederlande, kurz darauf auch an Spanien. Der Nationalkonvent ließ ein Heer von freiwilligen Soldaten aufstellen, um die inneren und äußeren Feinde der Französischen Revolution zu bekämpfen und zu besiegen. Zielsetzung war die Durchsetzung der revolutionären Vorstellungen mit allen Mitteln. Diese Intention hatten vor allem die radikal eingestellten Jakobiner. In Paris wurde im März 1793 maßgeblich auf Betreiben der Jakobiner ein besonderer Gerichtshof eingerichtet, der ab Oktober desselben Jahres den Namen Revolutionstribunal bekam. Außerdem entstanden weitere Revolutionstribunale. Aufgabe dieses Gerichtshofes war es, politische Gegner (schnell) zu verurteilen, oftmals erfolgte die Todesstrafe. Im April 1793 kam es in Paris für das gesamte Frankreich zur Bildung des Wohlfahrtsausschusses. Dieser sollte den Nationalkonvent und die Regierung kontrollieren und riss alsbald – besetzt mit Jakobinern – die Macht an sich.

Aufgabe 1: *Erkläre in eigenen Sätzen, was das Revolutionstribunal und der Wohlfahrtsausschuss waren.*

6 Die Herrschaft der Jakobiner

Jakobiner gegen Girondisten

Hatten Jakobiner und Girondisten während der Französischen Revolution zunächst noch zusammengearbeitet, so waren sie inzwischen erbitterte Gegner. Den Jakobinern gelang es, die Girondisten auszuschalten. Führende Jakobiner machten die Girondisten öffentlich für viele Probleme verantwortlich: Knappheit und Verteuerung von Lebensmitteln, schlechte Kriegsführung, antirevolutionäre Aufstände in Frankreich (z. B. in der Vendée = Landschaft und Department an der französischen Atlantikküste). Vorgeworfen wurde den Girondisten, sie seien (zu) gemäßigt, nicht (genügend) radikal eingestellt. Jakobiner lenkten den Zorn der Sansculotten auf die Girondisten. Nach zahlreichen vorangehenden Tumulten umstellten vor allem ganz viele Sansculotten am 2.6.1793 den Nationalkonvent und erzwangen, dass führende Girondisten unter Hausarrest gestellt wurden. Zwar gelang einigen dieser Girondisten die Flucht aus dem Hausarrest, die anderen wurden Ende Oktober 1793 hingerichtet.

Aufgabe 1: *Erkläre kurz, warum die Girondisten und Jakobiner zu Gegnern wurden.*

____

____

____

____

____

____

Aufgabe 2: *Pierre Vergniaud, ein Führer der Girondisten, soll kurz vor seiner Hinrichtung gesagt haben:*

„Die Revolution (...) frisst ihre eigenen Kinder."

Was könnte er damit gemeint haben?

Pierre Vergniaud

____

____

____

____

____

____

____

KOHL VERLAG Vom Absolutismus zur Französischen Revolution – Bestell-Nr. 12 338

6 Die Herrschaft der Jakobiner

Die Jakobiner übernehmen die Macht

Am 24.06.1793 stimmte der Nationalkonvent einer neuen Verfassung zu. Auch durch eine Volksabstimmung, an der (nur) etwa 25 % der Wahlberechtigten teilgenommen haben sollen, wurde die Verfassung befürwortet. Diese Verfassung war demokratisch ausgerichtet. Sie baute auf der Erklärung der Menschenrechte vom 26.08.1789 auf. Nach der Verfassung von 1793 gab es in Frankreich keinen König mehr, Frankreich war eine Republik. Gemäß der Verfassung übte der Nationalkonvent die gesetzgebende Gewalt aus, der Vollzugsrat (auch Exekutivrat genannt) bestehend aus 24 regelmäßig ausgewechselten Personen die ausführende Gewalt. Alle Männer ab 21 Jahren besaßen das Recht, die Abgeordneten des Nationalkonvents direkt – also nicht mehr über Wahlmänner – zu wählen. Für neue Gesetze waren Volksabstimmungen vorgesehen.

Doch diese Verfassung trat nie in Kraft. Auf Beschluss des Nationalkonvents im Herbst 1793 sollte die Verfassung erst später, nach dem Sieg über die Feinde der Revolution gültig sein. Bis dahin übertrug der Nationalkonvent vor allem dem Wohlfahrtsausschuss, aber auch dem Sicherheitsausschuss diktatorische Befugnisse. In diesen beiden Ausschüssen hatten eindeutig die Jakobiner das Sagen.

Ab etwa der zweiten Hälfte des Jahres 1793 bis kurz vor dem Ende des Julis 1794 hatten die Jakobiner die Macht in Frankreich inne. Die Jakobiner herrschten u. a. im Nationalkonvent und im Wohlfahrtsausschuss, der sich diktatorische Vollmachten verschaffte und erhielt. Während der Machtausübung der Jakobiner (durch Personen wie z. B. Robespierre, Danton Saint-Just ...) kam es im August 1793 in Frankreich zur Einführung der allgemeinen Wehrpflicht. Davon betroffen waren alle unverheirateten, männlichen Personen im Alter von 18 - 25 Jahren. Dadurch gelang es bald, feindliche Truppen zurückzuschlagen. Weitere Maßnahmen im Zeitraum der Jakobinerherrschaft waren u. a.:

- die Aufklärung der Güter von Emigranten;
- die Todesstrafe für Wucherpreise und die Hortung von Waren;
- die Festsetzung von Höchstpreisen für notwendige Lebensmittel;
- die Einführung der allgemeinen Schulpflicht;
- die Festlegung von Höchstlöhnen;
- das Verbot von Streiks und gewerkschaftlichen Organisationen;
- ...

Aufgabe 1: *Beantworte die Fragen in deinem Heft/Ordner oder auf der Rückseite des Blattes.*

a) *Was kannst du über die Verfassung von 1793 sagen?*

b) *Wieso trat die Verfassung von 1793 nicht in Kraft?*

Aufgabe 2: *Was hältst du von den Maßnahmen, die die Jakobiner umsetzten? Schreibe in dein Heft/deinen Ordner oder auf die Rückseite des Blattes.*

Anmerkung:
Während der Herrschaft der Jakobiner wurde auch die Ehefrau des französischen Königs Ludwig XVI. hingerichtet. Die aus Österreich stammende Ehefrau Marie Antoinette (1755 - 1793) starb am 16.10.1793 in Paris. Marie Antoinette war eine Tochter der österreichischen Herrscherin Maria Theresia.

KOHL VERLAG Vom Absolutismus zur Französischen Revolution – Bestell-Nr. 12 338

6 Die Herrschaft der Jakobiner

Die Terrorherrschaft unter den Jakobinern

Die Jakobiner machten aus der Französischen Revolution eine eigene Diktatur. Mehr als ein Jahr herrschten die Jakobiner. Auch im ersten Halbjahr 1794 setzten sie ihre Herrschaft mit Terror fort, allen voran Robespierre. Viele Menschen in Frankreich lebten in ständiger Angst, ein Todesopfer der Jakobiner zu werden. Jegliche Kritik an der Jakobinerherrschaft reichte aus, um von einem Revolutionstribunal zum Tod verurteilt zu werden.

Guillotine – ein Fallbeil zur Vollstreckung der Todesstrafe durch Enthauptung

Zwischen verschiedenen Gruppierungen der Jakobiner ergaben sich im Frühjahr 1794 mehr und mehr Differenzen. Bei diesen Auseinandersetzungen setzte sich Robespierre, der in der Bevölkerung den Ruf hatte, unbestechlich und tugendhaft (= ohne „Laster") zu sein, mit seinen Gefährten durch. Sie ließen andersdenkende Jakobiner hinrichten. So endete z. B. das Leben des Jakobiners Danton (1759 - 1794), der in der Bevölkerung als lebensfroher Mensch beliebt war und Toleranz sowie Rücksicht forderte, unter dem Fallbeil der Guillotine.

Zunehmend regten sich in der nachfolgenden Zeit allmählich Ablehnung sowie Widerstand gegen Robespierre und seine Gefolgschaft. Die Ablehnung und der Widerstand bildeten sich teils aus Angst um das eigene Leben, teils aufgrund nicht verbesserter Lebensbedingungen (u. a. Preissteigerungen), aber auch, um endlich in Frieden leben zu können. Am 27.7.1794 beschloss der Nationalkonvent, Robespierre und seine Gefährten zu verhaften. Der bei der Festnahme verletzte Robespierre erhielt die Todesstrafe. Angeblich waren die Verletzungen darauf zurückzuführen, dass sich Robespierre bei der Verhaftung mit einer Pistole umbringen wollte. Er starb am 28.07.1794 durch die Guillotine. Ebenso erging es Gefährten am selben Tag oder später.

Mit dem Tod von Robespierre und seinen Gefährten endete die Herrschaft der Jakobiner. Mit dem Ende der Jakobinerherrschaft verloren auch die Sansculotten wesentlich an politischem Einfluss.

Aufgabe 1: *Dieser Adlige wurde durch die Jakobiner zum Tode verurteilt. Gerade hört er von der Verhaftung Robespierres'. Was könnte sich der Adlige gedacht haben? Schreibe in dein Heft/deinen Ordner oder auf die Rückseite des Blattes.*

7 Die Revolutionsjahre 1794 - 1799

Das höhere Bürgertum ist wieder an der Macht

Mit dem Ende der Jakobinerherrschaft im Sommer 1794 war die Französische Revolution noch nicht abgeschlossen, sondern sie ging weiter. Nun bestimmten (wieder) die höheren Bürger, die sich von den Jakobinern distanzierten, wesentlich das politische Geschehen. Diese Bürger verfügten nunmehr über die parlamentarische Mehrheit im Nationalkonvent.

Auf Beschluss des Nationalkonvents wurden Anfang August 1794 viele politische Gefangene freigelassen, die die Schreckensherrschaft der Jakobiner überlebt hatten. Gegen weitere Jakobiner ging man jedoch mit aller Härte vor, etliche wurden hingerichtet. Gegen Ende des Jahres 1794 wurden alle Jakobinerclubs geschlossen. Demgegenüber kehrten Girondisten in den Nationalkonvent zurück. Im Dezember 1794 erfolgte die Aufhebung des Maximum-Gesetzes, d. h. fortan gab es keine Höchstgrenzen mehr für die Kosten von Waren sowie Löhne. Die meisten der durch die Jakobiner verstaatlichten Betriebe wurden privatisiert. Die freie Marktwirtschaft wurde ermöglicht. So manche geschäftstüchtigen Unternehmer verdienten in der Folgezeit reichlich Geld und wurden wohlhabend. Möglich war es auch in Frankreich, wieder den katholischen Glauben auszuleben. In den Kirchen fanden wie früher Gottesdienste statt.

Aufgabe 1: *Nenne in Stichwörtern die im vorangehenden Text erwähnten Veränderungen in Frankreich nach dem Ende der Jakobinerherrschaft.*

7 Die Revolutionsjahre 1794 - 1799

Die französische Verfassung von 1795

Im August 1795 beschloss der Nationalkonvent für Frankreich eine neue Verfassung. Nach einer Volksabstimmung trat die Verfassung in Kraft. Diese Verfassung wird auch als Direktorialverfassung bzw. Direktoriumsverfassung bezeichnet, da ein Direktorium bestehend aus fünf Personen an der Spitze der ausführenden Gewalt (= Exekutive) stand.

Laut der Verfassung war Frankreich jetzt eine Republik mit einer Gewaltenteilung. In der Verfassung werden zum einen die Rechte genannt. So heißt es (übersetzt): „Die Rechte des Menschen in der Gesellschaft sind: Freiheit, Gleichheit, Sicherheit, Eigentum. Die Freiheit besteht darin, tun zu können, was den Rechten eines anderen nicht schadet. Die Gleichheit besteht darin, dass das Gesetz für all das Nämliche ist, es sei, dass es beschütze oder dass es strafe …“ Außer den Rechten werden auch Pflichten angeführt. Bei den Pflichten ist in der Verfassung übersetzt u. a. zu lesen: „Tue Anderen nicht, was du nicht willst, dass man dir tut. Erzeige Anderen beständig das Gute, welches du selbst von ihnen erhalten wünschest …“

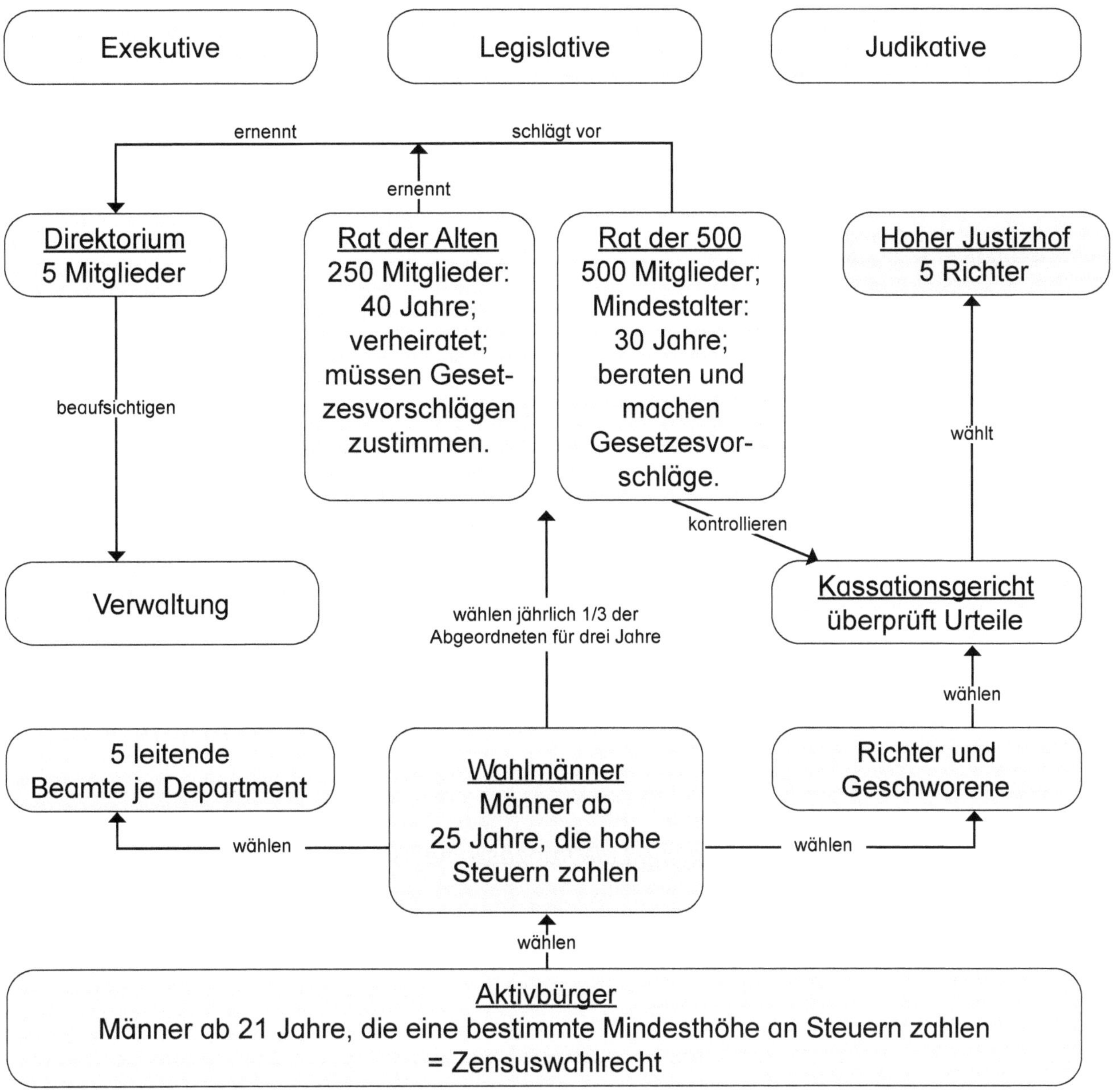

KOHL VERLAG Vom Absolutismus zur Französischen Revolution – Bestell-Nr. 12 338

7 Die Revolutionsjahre 1794 - 1799

Die französische Verfassung von 1795

Aufgabe 1: *Beantworte die folgenden Fragen.*

1. Wer entschied über die französische Verfassung von 1795?

2. Warum wird die französische Verfassung von 1795 auch Direktorialverfassung oder Direktoriumsverfassung genannt?

3. Was kannst du über in der französischen Verfassung von 1795 enthaltene Rechte sagen?

4. Was weißt du über in der französischen Verfassung von 1795 erwähnte Pflichten?

Aufgabe 2: *Verfasse zum Schaubild, das den Staatsaufbau Frankreichs gemäß der Verfassung von 1795 zeigt, einen zusammenhängenden Text.*

Aufgabe 3: *Wie beurteilst du insgesamt die französische Verfassung von 1795?*

7 Die Revolutionsjahre 1794 - 1799

Französische Soldaten im Kampf gegen ausländische Truppen

Ab etwa dem Sommer 1794 verbesserte sich zunehmend die militärische Situation für die französischen Truppen im Kampf gegen ausländische Einheiten. Französische Truppen schafften es, gegnerische Söldnerheere zurückzudrängen und (neue) Landgewinne zu erzielen. So wurden zu Beginn des Jahres 1795 die österreichischen Niederlande erobert. Auch wurden linksrheinische deutsche, schweizerische und norditalienische Gebiete in Besitz genommen. Aus manchen Gebieten wurden von Frankreich abhängige Tochterrepubliken (= Satellitenstaaten). Beispiele dafür waren: die Batavische Republik (ab 1795), die Cisalpinische Republik (ab 1797), die Helvetische Republik (ab 1798), die Römische Republik (ab 1798).

Die motivierten, mittlerweile gut ausgebildeten sowie taktisch geschickt operierenden französischen Soldaten kämpften in der Regel nicht mehr in Reih und Glied – wie häufig noch die Gegner – , sondern in aufgelösten Ordnungen mit überraschenden Angriffen. Auch waren die französischen Truppen den Kontrahenten inzwischen oft zahlenmäßig überlegen. Junge, mutige Soldaten (ganz besonders Napoleon Bonaparte) bewährten sich als Anführer in den Schlachten.

Aufgabe 1: **a)** *Denke dir fünf Fragen zum Text aus.*

b) *Tausche dann deine Fragen mit denen eines anderen Schülers aus.*

c) *Jeder beantwortet nun jeweils die Fragen der anderen Person in seinem Heft/seinem Ordner oder auf der Rückseite dieses Blattes.*

1. Frage: ______________________________

____

2. Frage: ______________________________

____

3. Frage: ______________________________

____

4. Frage: ______________________________

____

5. Frage: ______________________________

____

KOHL VERLAG Vom Absolutismus zur Französischen Revolution – Bestell-Nr. 12 338

7 Die Revolutionsjahre 1794 - 1799

Innere Unruhen in Frankreich

François Noël Babeuf

Unmittelbar nach dem Ende der Jakobinerherrschaft waren viele Franzosen sehr erleichtert, sie atmeten auf. Ebenfalls die zunehmenden militärischen Erfolge Frankreichs über ausländische Truppen trugen zur Erleichterung bei und stimmten die meisten der französischen Bevölkerung positiv.

Dennoch kam Frankreich nicht zur Ruhe. Des Öfteren gab es Aufstände im Land. Beispielsweise erhoben sich in Paris im April 1795 aus Hungersnot Sansculotten. Im Oktober 1795 wagten in der französischen Hauptstadt Royalisten (= Königsanhänger) den Aufstand, um die alte Macht wiederzugewinnen. Die Regierungstruppen schlugen diese beiden und weitere spätere Aufstände jedoch nieder. Im März 1796 wurde ein Umsturzversuch von F. N. Babeuf (1760 - 1797) vorzeitig entdeckt und damit verhindert. Babeuf und Gleichgesinnte hatten kommunistische Vorstellungen und strebten u. a. die Abschaffung des privaten Eigentums sowie die Verstaatlichung des Grund- und Bodenbesitzes an.

Aufgabe 1: *Warum beruhigte sich die Lage in Frankreich nach dem Ende der Jakobinerherrschaft nicht?*

7 Die Revolutionsjahre 1794 - 1799

Die Herrschaft des Direktoriums

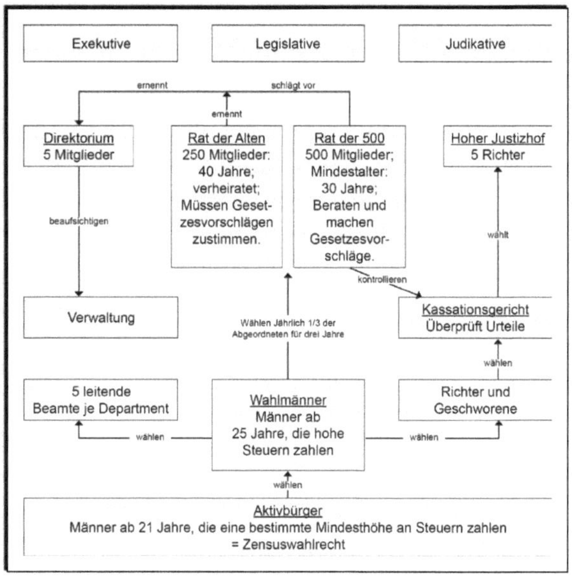

Nach dem Inkrafttreten der neuen französischen Verfassung von 1795 löste sich im Herbst desselben Jahres der Nationalkonvent auf. Die meisten Abgeordneten des Nationalkonvents wurden in den Rat der 500 bzw. in den Rat der Alten gewählt. Die zwei Kammern bildeten fortan in Frankreich die gesetzgebende Gewalt (= Legislative). Die ausführende Gewalt (Exekutive) übernahm das sich aus fünf Personen zusammengesetzte Direktorium. Mit anderen Worten: Das Direktorium übte auf höchster Ebene die Regierungsgewalt aus.

Etwa 4 Jahre (1795-1799) bestand in Frankreich jeweils ein Direktorium als Regierung. Für jeweils ein Vierteljahr hatte eine Person der fünfköpfigen Exekutive den Vorsitz im Direktorium. In jedem Jahre wurde gemäß der Verfassung ein Mitglied des Direktoriums durch einen anderen Mann ersetzt. In der Zeit 1795-1799 wechselten schon von daher die Mitglieder des Direktoriums des Öfteren.

Häufig gab es Konflikte zwischen den Mitgliedern des Direktoriums sowie den Abgeordneten des Rats der 500 und denen des Rats der Alten. Zur Bekämpfung von Aufständischen und zur eigenen Machterhaltung setzte das Direktorium in der Regel das Militär ein. Damit machte sich das Direktorium vom Militär abhängig. Dem Direktorium gelang es nicht, wirtschaftliche Probleme (u. a. Staatsschulden) genügend in den Griff zu bekommen. Manche Mitglieder des Direktoriums waren in Korruptionen (= Bestechlichkeiten) verwickelt und versuchten mehr oder minder, die alleinige Macht an sich zu reißen. Insgesamt gesehen hatte das Direktorium im Volk nur ein geringes Ansehen, etliche verachteten das Direktorium sogar. Es wurde politisch hauptsächlich gestützt von in der Gesellschaft höheren Bürgern, die schon lange wohlhabend waren oder es während der Zeit der Französischen Revolution geworden waren.

Aufgabe 1: *Schreibe in eigenen Sätzen auf, was du zum Direktorium sagen kannst.*

____

____

____

____

____

____

7 Die Revolutionsjahre 1794 - 1799

Das Ende der Französischen Revolution

Napoleon Bonaparte, 1792

Im Jahr 1799 waren in Frankreich u. a. die politischen Verhältnisse sehr unsicher. Angeblich stand in Paris ein Aufstand von Neo-Jakobinern bevor. Deshalb wurde Napoleon Bonaparte, der von der Mittelmeerinsel Korsika stammte, zum Oberbefehlshaber der militärischen Truppen in Paris ernannt. Der zu einem General aufgestiegene Napoleon Bonaparte hatte zuvor große Verdienste erworben als Anführer französischer Truppen im Kampf gegen ausländische Soldaten sowie bei der Niederschlagung von Aufständen in Frankreich.

Anfang November 1799 nutzte Napoleon Bonaparte mit Unterstützung von Verschwörern die Gelegenheit, in Frankreich die Macht an sich zu reißen. Napoleon Bonaparte ließ durch ihm ergebene Soldaten den Versammlungsort des Rates der Alten sowie des Rates der 500 umstellen. Nachdem Napoleon Bonaparte zunächst keine Zustimmung zu seinem Vorhaben in den beiden Kammern bekommen hatte, befahl er seinen Soldaten, die Abgeordneten zu verjagen. Mit Hilfe seines Bruders Lucien Bonaparte, der der Vorsitzende des Rates der 500 war, bekam Napoleon Bonaparte bald darauf durch wieder zusammengerufene Abgeordnete doch die Zustimmung zur Ernennung zum Ersten Konsul. Das Direktorium wurde aufgelöst.

Aufgabe 1: *Beantworte die folgenden Fragen in deinem Heft/Ordner oder auf der Rückseite des Blattes.*

1. Wie waren die politischen Verhältnisse im Jahr 1799 in Frankreich?
2. Wozu wurde Napoleon Bonaparte 1799 ernannt?
3. Wobei hatte sich Napoleon Bonaparte bewährt?
4. Was machte Napoleon Bonaparte Anfang November 1799 mit dem Rat der Alten und dem Rat der 500?
5. Wer verjagte auf Befehl von Napoleon Bonaparte die Abgeordneten?
6. Wofür bekam Napoleon Bonaparte durch wieder zusammengerufene Abgeordnete die Zustimmung?

Aufgabe 2: *Welche Meinung hast du zu den Ereignissen Anfang November 1799, vor allem zum Verhalten von Napoleon Bonaparte? Schreibe in dein Heft/deinen Ordner.*

7 Die Revolutionsjahre 1794 - 1799

Das Ende der Französischen Revolution

2. Konsulat: Jean-Jacques Régis de Cambacérès, Napoleon Bonaparte, Charles-François Lebrun

Napoleon Bonaparte stand nunmehr an der Spitze des Staates Frankreich, zunächst als Erster Konsul für 10 Jahre – formell beraten von zwei anderen Konsuln. Noch im Dezember 1799 trat in Frankreich anstelle der Verfassung von 1795 die sogenannte Konsulatsverfassung in Kraft. Gemäß der Konsulatsverfassung hatte der machthungrige und ruhmsüchtige Napoleon Bonaparte große Vollmachten. Er konnte Gesetze erlassen, Minister und andere Amtsinhaber benennen. Er besaß den militärischen Oberbefehl, die Befugnis der Kriegsführung ... Praktisch war die oberste ausführende und gesetzgebende Gewalt auf Napoleon Bonaparte vereint. Später verschaffte er sich auch Einfluss auf die richterliche Gewalt. Im Dezember 1799 erklärte Napoleon Bonaparte als Erster Konsul die Französische Revolution als beendet. Von jetzt an sei in Frankreich Ruhe und Ordnung angesagt.

Von 1799 bis 1815 herrschte Napoleon Bonaparte (= Napoleon I.) in Frankreich, zwischenzeitlich auch in weiten Teilen Europas, sodass man vom Zeitalter Napoleons I. sprechen kann. Napoleon I. errichtete eine Diktatur, in manchen Darstellungen als Militärdiktatur bezeichnet. Bisweilen wird Napoleon I. auch als ein spätabsolutistischer Herrscher bezeichnet.

Aufgabe 1: *Erkläre näher, wie die Französische Revolution endete.*

Test/Arbeit zum Thema Französische Revolution (II)

Aufgabe 1: *Schreibe auf. Was kannst du sagen über…*

1. ... die Entwicklung der Französischen Revolution von Anfang 1792 bis Mai 1794?

2. ... die Sansculotten?

3. ... die Herrschaft der Jakobiner?

4. ... Frankreich im Zeitraum Mitte 1794 bis Ende 1799?

5. ... die französische Verfassung von 1795?

6. ... die französischen Soldaten im Kampf gegen ausländische Truppen?

7. ... das Ende der Französischen Revolution?

8. ... die Bedeutung und Beurteilung der Französischen Revolution?

KOHL VERLAG Vom Absolutismus zur Französischen Revolution – Bestell-Nr. 12 338

8 Die Französische Revolution 1789 - 1799

Die Bedeutung und Beurteilung der Französischen Revolution

Die von 1789-1799, also 10 Jahre dauernde (Große) Französische Revolution ging mit ihren drei Schlagworten „Freiheit Gleichheit, Brüderlichkeit" (in französischer Sprache: Liberté, Égalité, Fraternité) als ein bedeutendes Ereignis in die Geschichte ein. Diese Revolution gilt als ein wichtiger Schritt der Menschen auf dem Weg in die heutige Zeit, zur Demokratie. Manche Historiker bezeichnen die (Große) Französische Revolution als „Mutter der Revolutionen" …

Aufgabe 1: *Wie beurteilst du insgesamt betrachtet die (Große) Französische Revolution?*

Was bewertest du positiv an dieser Revolution, was negativ?

Was hat die Revolution deiner Meinung nach bewirkt?

8 Die Französische Revolution 1789 - 1799

Die Französische Revolution im Überblick

Aufgabe 1: *Diese Revolution wird gewöhnlich in drei Zeitabschnitte unterteilt.*

a) *Notiere in Stichwörtern und in chronologischer Reihenfolge wesentliche Ereignisse, die in den drei Zeitabschnitten stattfanden.*

b) *Nenne im Weiteren zu jedem Zeitabschnitt eine passende Überschrift.*

Zeitraum	1789 - 1791
Überschrift	
Wesentliche Ereignisse:	
Zeitraum	1792 - Juli 1794
Überschrift	
Wesentliche Ereignisse:	
Zeitraum	August 1794 - 1799
Überschrift	
Wesentliche Ereignisse:	

KOHL VERLAG Vom Absolutismus zur Französischen Revolution – Bestell-Nr. 12 338

8 Die Französische Revolution 1789 - 1799

Ein Tag in Paris während der Französischen Revolution (1789 - 1799)

Aufgabe 1: *Wie stellst du dir das Geschehen in der französischen Hauptstadt an einem vor dir ausgewählten Tag in der Zeit der Französischen Revolution vor? Schreibe in dein Heft/deinen Ordner oder auf die Rückseite des Blattes.*

Aufgabe 2: *Stelle dir vor, du könntest ein Interview mit einer Person aus den Jahren 1789 - 1799 führen:*

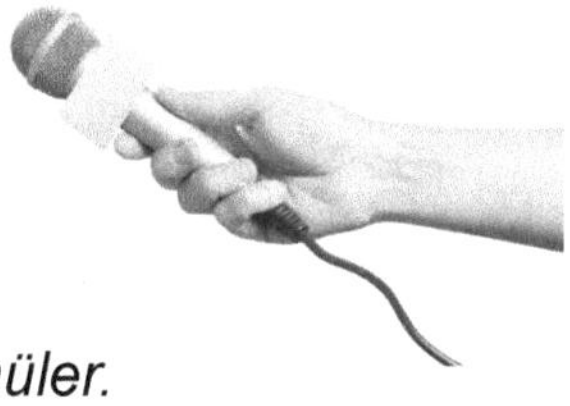

- *Denke dir einen Namen aus für die Person, mit der du das Interview führst.*
- *Notiere auf der linken Hälfte dieses Blattes die Fragen, die du der Person stellen würdest.*
- *Beantworte die Fragen selbst oder gib sie einem Mitschüler.*

Fragen	Antworten

9 Was kannst du sagen über ...?

Von A bis Z

Aufgabe 1: *Finde für jeden Buchstaben des Alphabets einen Begriff mit demselben Anfangsbuchstaben, der zum Thema Absolutismus, Aufklärung, aufgeklärter Absolutismus oder Französische Revolution passt. Erkläre den Begriff jeweils in einem oder zwei Sätzen in deinem Heft/Ordner oder auf der Rückseite des Blattes.*

A	
B	
C	
D	
E	
F	
G	
H	
I	
J	
K	
L	
M	
N	
O	
P	
Q	
R	
S	
T	
U	
V	
W	
Z	

9 Was kannst du sagen über ...?

Ein Spiel

Spielerzahl:	möglichst 2, 3 oder 4 Spieler
Spielmaterialien:	• 1 Spielplan (siehe Vorlage Seite 84); • 1 Zahlenwürfel mit den Augenzahlen 1-6 und evtl. 1 Würfelbecher; • je Spieler: 1 kleiner Spielstein, der sich von den Spielsteinen der anderen Spieler farbig unterscheidet.
Spielregeln:	Unmittelbar vor Spielbeginn stellt jeder Spieler seinen Spielstein auf das Feld „Start“ des Spielplans (siehe Vorlage Seite 84). Im Verlauf des Spiels sind die Spieler abwechselnd an der Reihe. Wer dran ist, würfelt jeweils einmal. Das erzielte Würfelergebnis bestimmt, um wie viele Felder der Spieler seinen Spielstein auf dem Spielplan vorziehen kann. Voraussetzung dafür ist jedoch: Der Spieler muss eine richtige Aussage zum Thema machen, das er angewürfelt hat. Das Thema ist entweder Absolutismus, Aufklärung, aufgeklärter Absolutismus bzw. Französische Revolution. Jede Aussage darf im Verlauf des Spiels nur einmal gemacht werden. Macht der Spieler keine richtige, den Spielregeln entsprechende Aussage, bleibt sein Spielstein auf dem bisherigen Feld, darf also nicht vorgezogen werden.
Spielsieg:	Das Spiel gewinnt, wer mit seinem Spielstein als Erster das Feld „Ziel“ auf dem Spielplan erreicht bzw. über dieses Feld hinwegzieht.

KOHL VERLAG Vom Absolutismus zur Französischen Revolution – Bestell-Nr. 12 338

9 Was kannst du sagen über ...?

Ein Spiel

0	START					Thema:
1						den Absolutismus
2						
3						
4						
5						
6						
7						die Aufklärung
8						
9						
10						
11						
12						
13						den aufgeklärten Absolutismus
14						
15						
16						
17						
18						
19						die Französische Revolution
20						
21						
22						
23						
24						
25	ZIEL					

KOHL VERLAG Vom Absolutismus zur Französischen Revolution ■ Bestell-Nr. 12 338

9 Was kannst du sagen über ...?

Abschlusstest: Das kann ich sagen über ...

Notiere jeweils möglichst 5 (kurze) Sätze über:

I. den Absolutismus!

1. ______________________________

2. ______________________________

3. ______________________________

4. ______________________________

5. ______________________________

II. die Aufklärung!

1. ______________________________

2. ______________________________

3. ______________________________

4. ______________________________

5. ______________________________

III. den aufgeklärten Asolutismus!

1. ______________________________

2. ______________________________

3. ______________________________

4. ______________________________

5. ______________________________

IV. die Französische Revolution!

1. ______________________________

2. ______________________________

3. ______________________________

4. ______________________________

5. ______________________________

KOHL VERLAG Vom Absolutismus zur Französischen Revolution – Bestell-Nr. 12 338

Lösungen

Der Absolutismus

Der Absolutismus (Einführung in das Thema)

1. Der Absolutismus herrschte im 17. und 18. Jahrhundert in weiten Teilen Europas.
2. Absolutismus bedeutet(e) Alleinherrschaft. In ihrem jeweiligen Territorium (= Land) regier(t)en die Herrscher unumschränkt.
3. Der Begriff Absolutismus stammt vom lateinischen Wort „absolutus". Dies heißt in die deutsche Sprache übersetzt so viel wie „losgelöst, befreit".
4. N. Machiavelli und J. Bodin traten ein für den Absolutismus als Herrschaftsform. Beide erklärten den Absolutismus für gerechtfertigt.
5. N. Machiavelli setzte sich für eine sehr starke Staatsgewalt ein, der sich die einzelnen Bürger völlig unterzuordnen hätten.
6. J. Bodin sprach dem Herrscher das Recht zu, Gesetze zu bestimmen und die höchste Befehlsgewalt auszuüben.
7. So einige Herrscher des Absolutismus sahen sich als von Gott eingesetzt, um zu herrschen. Sie seien „Herrscher von Gottes Gnaden".

Ludwig XIV. – Lebenslauf

4	Der Kardinal Mazarin führte als Premierminister bis zu seinem Tod im Jahr 1661 die Regierungsgeschäfte für Ludwig XIV.
10	Im Jahr 1715 verstarb Ludwig XIV. im Schloss Versailles.
3	Nach dem Tod seines Vaters wurde Ludwig XIV. ganz jung französischer König.
1	Der bekannteste Vertreter und ein exemplarisches Beispiel für einen absolutistischen Herrscher ist Ludwig XIV.
8	Ludwig XIV. ging es von nun an darum, alle Macht auf sich zu konzentrieren sowie die Macht Frankreichs noch weiter auszubauen.
2	Er wurde im Jahr 1638 als ein Sohn des französischen Königs Ludwig XIII. im königlichen Schloss Saint-Germain-en-Laye (in der Nähe von Paris) geboren.
5	Mazarin bereitete Ludwig XIV. auf seine Rolle als König und damit verbundene Aufgaben vor.
6	Nachdem Mazarin verstorben war, übernahm Ludwig XIV. sehr aktiv die Regierungsgeschäfte.
9	54 Jahre regierte Ludwig XIV. in Frankreich und prägte den Staat.
7	Schon vor der Regierungsübernahme durch Ludwig XIV. war Frankreich ein gefestigter, mächtiger Staat in Europa.

Ludwig XIV. – ein Gemälde

<u>Aufgabe 1</u>: Ludwig XIV. ließ sich mit den typischen Herrschaftsinsignien darstellen: Zepter, Schwert und Krone. In seiner rechten Hand hält er ein Zepter, worauf er sich stützt. Es weist ihn als obersten Kriegsherren aus. Unter dem Mantel leuchtet das mit Edelsteinen besetzte Schwert hervor. Es war ein wichtiges Symbol für Macht. Der Mantel ist bewusst hochgeschlagen, damit es zur Geltung kommt. Neben ihm steht ein Hocker, auf dem die Krone liegt. Für die königliche Macht steht auch der Thron im Hintergrund. Hinter Ludwig XIV. ist eine eindrucksvolle Säule zu sehen. Sie steht für Stabilität und Stärke und somit für den König als tragende Stütze des Staates. Ludwig selbst steht auf einem Podest und trägt Schuhe mit Absatz. Dadurch wirkt er größer. Seine Körperhaltung soll Eleganz und Selbstbewusstsein ausstrahlen. Die seidenen und mit Gold bestickten Stoffe sowie der kostbare Pelz sind Symbol für den königlichen Reichtum.

Die Macht des Sonnenkönigs

<u>Aufgabe 1</u>:

1. Ludwig XIV. übte in Frankreich auf höchster Ebene die gesetzgebende, ausführende und richterliche Gewalt aus.
2. Auch repräsentierte Ludwig XIV. Frankreich als Staatsoberhaupt.
3. Über Krieg sowie Frieden mit anderen Staaten entschied der „Sonnenkönig".
4. Wer sich seinen Anordnungen nicht fügte oder sogar Widerstand leistete, hatte mit Folgen zu rechnen; dessen Leben war möglicherweise in Gefahr.
5. Der „Sonnenkönig" setzte sich mit dem Staat Frankreich gleich.
6. Mit anderen Worten: Ludwig XIV. verband seine Person, seine Stellung, sein Ansehen, seinen Ruhm mit der Machtstellung und der Bedeutung Frankreichs. Ludwig XIV. strebte an, Frankreich zum Mittelpunkt („Herz") zumindest Europas zu machen.
7. Der Herrscher behauptete, seine Bemühungen beim Regieren würden dem Wohl Frankreichs gelten.
8. Er gab vor, den Staat Frankreich immer größer und mächtiger sowie glücklich machen zu wollen.
9. Ludiwg XIV. bekannte sich zum katholischen Glauben.
10. Mit dem Edikt von Fontainebleau (1685) verbot der „Sonnnenkönig" Andersgläubigen (Hugenotten = französische Protestanten) den Glauben, sodass viele aus Frankreich flohen.

<u>Aufgabe 2</u>: Individuelle Lösungen

Lösungen

Der Absolutismus

Die Lebensführung des Herrschers

Aufgabe 1: Individuelle Lösungen

Aus dem Leben im Schloss Versailles

Aufgabe 1: Individuelle Lösungen

Worte des Königs Ludwig XIV.

Aufgabe 1:

a) Ludwig XIV. sieht sich eindeutig als alleiniger Herrscher in Frankreich. Er betrachtet sich sogar als Stellvertreter Gottes auf der Erde. Der französische König erhebt den Anspruch auf das Recht, jederzeit über seine Untertanen bestimmen zu können. Als seiner Meinung nach bedeutender Herrscher vergleicht sich Ludwig XIV. mit der Sonne und deren Machtstellung. Zu den Grundsätzen des „Sonnenkönigs“ gehört, sich von keiner anderen Person beherrschen zu lassen, vor allem nicht von einer Frau. Ludwig XIV. betrachtet es als schwere Arbeit, einen Staat zu regieren. Als Herrscher müsse man auch täuschen können.

b) Individuelle Lösungen

Eigenschaften des Königs Ludwig XIV.

Aufgabe 1: Mögliche Lösung:

Gute Eigenschaften	Schlechte Eigenschaften
arbeitseifrig	durchsetzungsfähig (?)
charmant	egoistisch
gebildet	eitel
höflich	intolerant
klug	intrigant
musikalisch	jagdfreudig
religiös	machtbesessen
unterhaltsam	pedantisch
zielstrebig	ruhmsüchtig
	sexhungrig
	stolz

Aufgabe 2: Individuelle Lösungen

Die weitgehende Ausschaltung der politischen Macht des Adels

Aufgabe 1:

1. Der Kardinal Mazarin schränkte die Macht des französischen Adels ein.
2. Er schaltete die Macht, den Einfluss des Adels auf die Staatsführung Frankreichs weitgehend aus.
3. Ludwig XIV. machte den Adel vom König abhängig.
4. Intendanten
5. Verwaltung, Kontrolle und Überwachung der französischen Amtsbezirke; Berichterstattung über wesentliche Geschehnisse
6. Staatsdiener
7. für die Zahlung von Steuern durch die Untertanen
8. „Der Staat bin ich!“
9. Ludwig XIV. setzt(e) sich mit dem Staat gleich. Der Herrscher entschied, was im Sinne des Staates sein sollte. Nur er habe das Recht, bezüglich des Staates Entscheidungen zu treffen.

Lösungen

Der Absolutismus

Der Merkantilismus

Aufgabe 1:

		Richtig	Falsch
a)	Frankreich sollte mehr Waren einführen als ausführen.		X
b)	Das Wort Merkantilismus stammt aus der griechischen Sprache.		X
c)	Manufakturen gelten als Vorläufer von Fabriken.	X	
d)	In Manufakturen wurden minderwertige Waren produziert.		X
e)	Der Bau von u. a. Straßen, Kanälen, Häfen, Schiffen hatte besonders wirtschaftliche Gründe.	X	
f)	Für die Ausfuhr von Geld bestand in Frankreich die Todesstrafe.	X	

zu **a**): Frankreich sollte mehr Waren ausführen als einführen.
zu **b**): Das Wort Merkantilismus stammt aus der lateinischen Sprache.
zu **d**): In Manufakturen wurden hochwertige Waren produziert.

Soldaten und Kriege

Aufgabe 1:

	Satzanfänge
1	Ludwig XIV. stützte seine Macht
2	Er ließ ein sehr
3	Um das Jahr 1665 soll das französische Heer aus ca. 45 000
4	Das stehende Heer stand dem König viel schneller
5	Während seiner Regierungszeit führte
6	Der König hatte vor, durch Kriegssiege
7	Doch dies gelang Ludwig XIV. und
8	Seine Truppen ließ Ludwig XIV. u. a.
9	Frankreich gewann zwar manche Gebiete,
10	Beim Versuch das Reich auszudehnen,

	Satzendungen
6	seine und die Macht Frankreichs sowie den Ruhm zu vergrößern.
4	zur Verfügung als früher existierende Söldnerheere.
8	gegen deutsche und spanische Soldaten kämpfen.
2	großes stehendes Heer aufbauen.
10	traf Frankreich u. a. auf den starken Widerstand Englands.
1	auch auf Soldaten.
9	musste andere Regionen aber (wieder) abgeben.
3	Soldaten, um das Jahr 1700 aus ca. 400 000 Soldaten bestanden haben.
5	Ludwig XIV. zahlreiche Kriege.
7	seinen Soldaten höchstens teilweise.

Aufgabe 2:

1. Ludwig XIV. stützte seine Macht auch auf Soldaten.
2. Er ließ ein sehr großes stehendes Heer aufbauen.
3. Um das Jahr 1665 soll das französische Heer aus ca. 45 000 Soldaten, um das Jahr 1700 aus ca. 400 000 Soldaten bestanden haben.
4. Das stehende Heer stand dem König viel schneller zur Verfügung als früher existierende Söldnerheere.
5. Während seiner Regierungszeit führte Ludwig XIV. zahlreiche Kriege.
6. Der König hatte vor, durch Kriegssiege seine und die Macht Frankreichs sowie den Ruhm zu vergrößern.
7. Doch dies gelang Ludwig XIV. und seinen Soldaten höchstens teilweise.
8. Seine Truppen ließ Ludwig XIV. u. a. gegen deutsche und spanische Soldaten kämpfen.
9. Frankreich gewann zwar manche Gebiete, musste andere Regionen aber (wieder) abgeben.
10. Beim Versuch das Reich auszudehnen, traf Frankreich u. a. auf den starken Widerstand Englands.

Lösungen

Der Absolutismus

Ludwig XIV. – Stützen seiner absolutistischen Herrschaft

Aufgabe 1:

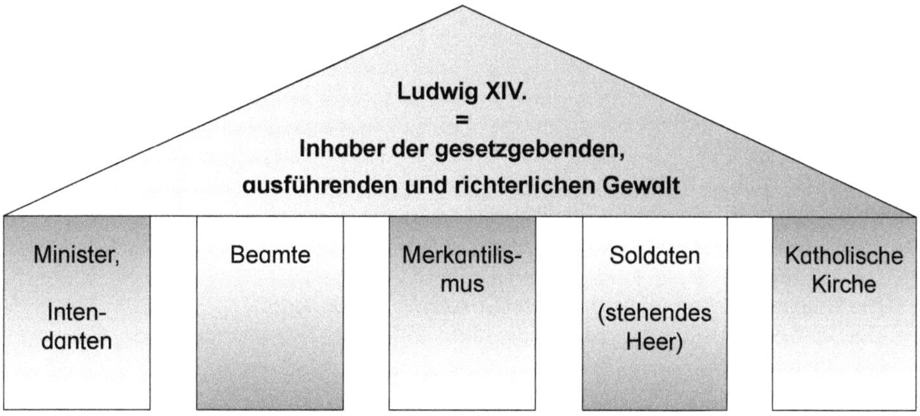

Die Bevölkerung Frankreichs

Aufgabe 1: Individuelle Lösungen

Das absolutistisch regierte Frankreich als Leitbild

Aufgabe 1: **a)** Für so manche andere Herrscher diente Frankreich mit dem König Ludwig XIV., als Leitbild durch:

- die Machtstellung,
- den Prunk Ludwig XIV.,
- die Lebensführung,
- Paris = kulturelles Zentrum,
- Französisch = internationale Umgangssprache,
- den Bau schöner Schlösser und Parks.

b) Individuelle Lösungen

Geschichte auf Bildern: Zeitabschnitt Absolutismus

Aufgabe 1: **Bild 1:** Ludwig XIV. ließ das Schloss Versailles erbauen. Dieses Schloss diente Ludwig XIV. ab 1682 als Hauptsitz. In diesem großen Schloss lebte der Herrscher im Luxus zusammen mit von ihm abhängigen Adligen.

Bild 2: Die Herrscher führten im Absolutismus ein sehr prunkvolles Leben. Dazu gehörte auch, dass sie sich in prachtvoll verzierten Kutschen durch Bedienstete fahren ließen.

Bild 3: Schloss Nymphenburg war jahrhundertelang die Sommerresidenz der Wittelsbacher und liegt in.einem großen Park in der Nähe von München. Es wurde im JAhr 1675 eröffnet.

Test /Arbeit zum Thema Absolutismus

Aufgabe 1: Individuelle Lösungen

Die Aufklärung

Das Zeitalter der Aufklärung (Beginn)

Aufgabe 1: Individuelle Lösungen

John Locke

Aufgabe 1:
a) John Locke gab der Aufklärung wichtige Impulse (= Anregungen, Anstöße). Er war ein Vorkämpfer für die Aufklärung.
b)
- Alle Menschen sind gleichberechtigt.
- Herrscher sind nicht Stellvertreter Gottes auf der Erde und nicht Handelnde im Auftrag Gottes.
- Zwischen der Regierung und dem Volk des jeweiligen Staates besteht ein kündbarer Vertrag.
- Der Vertrag verpflichtet beide Seiten u.a. zum Vertrauen.
- Die Regierung ist an Abmachungen (Gesetze …) gebunden.
- Das Volk besitzt ein Recht zum Widerstand im Fall der Nichteinhaltung der Bürgerrechte durch die Staatsführung.

Aufgabe 2: Individuelle Lösungen
Als Beispiel: John Locke forderte die Trennung zwischen Staat und Kirche.

Charles de Montesquieu

Aufgabe 1:
a) Die Staatsgewalt sollte getrennt sein. Nicht eine Person sollte die Staatsgewalt ausüben.
b) Trennung der Staatsgewalt in:
- gesetzgebende Gewalt,
- ausführende Gewalt,
- richterliche Gewalt.

c) Die Trennung (= Teilung) der Staatsgewalt ist erforderlich, damit es nicht zu einer Alleinherrschaft, nicht möglicherweise zur Herrschaft eines Tyrannen (= Gewaltherrscher) kommt.
d) Die drei Gewalten sollen sich gegenseitig kontrollieren, um einen etwaigen Machtmissbrauch zu verhindern.

Aufgabe 2: Individuelle Lösungen

Aufgabe 3: Die Gewaltenteilung spielt heutzutage eine zentrale Rolle in demokratischen Staaten. Ein Grundprinzip eines jeden demokratischen Staates ist die Gewaltenteilung.

Aufgabe 4: Das Schaubild stellt die Gewaltenteilung dar. Die Staatsgewalt liegt nicht in einer Hand, sondern ist aufgeteilt in drei Staatsgewalten. Das Parlament übt die gesetzgebende Gewalt (= Legislative) aus, die Regierung die oberste ausführende Gewalt (= Exekutive) und Richter die richterliche Gewalt (= Judikative). Dies entspricht der Gewaltenteilung, wie sie Charles de Montesquieu forderte.

Jean-Jacques Rousseau

Aufgabe 1: Ansichten des Philosophen Rousseau:
- Volk = „wahrer Herrscher“;
- Staat = hervorgegangen aus einem freiwillig abgeschlossenen Vertrag zwischen den Bürgern und der Regierung;
- Pflicht des einzelnen Bürgers, sich dem allgemeinen Volkswillen unterzuordnen;
- Möglichkeit der Absetzung der Regierung, sofern sich diese über den allgemeinen Volkswillen hinwegsetzt;
- direkte Entscheidung der Bürger über öffentliche Dinge;
- Ablehnung der Gewaltenteilung.

Aufgabe 2: Im Gegensatz zu Locke und Montesquieu lehnte Rousseau die Gewaltenteilung ab. Rousseau meinte, in der Staatsgewalt komme der allgemeine Volkswille zum Ausdruck. Nach Rousseau kann auch eine Minderheit die Vertretung des allgemeinen Volkswillens übernehmen.

Voltaire

Aufgabe 1: Individuelle Lösungen

Lösungen

Die Aufklärung

Immanuel Kant

Aufgabe 1: Individuelle Lösungen

Aufgabe 2: **a)**
- Zum Leben gehört das Handeln.
- Man sollte so handeln, dass dies einer / der Gesetzgebung entsprechen kann.
- Allein durch die Moral (= Sittlichkeit, Sittenlehre) wird der Mensch ein wahrhaftiger Mensch.
- Wer sich gewissenlos verhält, hat (wohl) ein Gewissen, richtet sich aber nicht nach dem Urteil seines Gewissens.
- Wer sich erniedrigt, ist selber schuld, wenn er schlecht behandelt wird.

b) Individuelle Lösungen

Die Vertreter der Aufklärung im Überblick

Aufgabe 1:
1. Die Vertreter der Aufklärung waren (sehr) gebildet.
2. Die meisten Aufklärer gehörten den sozialen Schichten des gehobenen Bürgertums an.
3. Zum ungebildeten, niederen Volk hatten die Philosophen allenfalls geringe direkte Kontakte.
4. Sie versammelten sich gewöhnlich im kleinen Kreis, oftmals an einem geheimen Ort.
5. Wegen ihren Ansichten wurden die Aufklärer verfolgt, sie mussten u. a. mit der Verhaftung rechnen.
6. Später trafen sich die Personen der Aufklärung u. a. in Caféhäusern und Salons von vornehmen, wohlhabenden Frauen.
7. Einige Philosophen war es möglich, an Universitäten zu lehren und dort Ideen der Aufklärung zu verbreiten.

Aufgabe 2: Individuelle Lösungen

Zielsetzungen der Aufklärung

Aufgabe 1: Zielsetzungen von Vertretern der Aufklärung waren, die Macht der Herrscher zu beschränken und Volksvertretern politische Einflussmöglichkeiten zu verschaffen. Die meisten Aufklärer befürworteten die Gewaltenteilung. Weitere wesentliche Ziele in der Aufklärung bestanden in der Gewährung von Menschenrechten (Recht auf Leben, Freiheit, Besitz …), in der Garantie von Gleichheit vor dem Gesetz sowie darin, religiöse Toleranz anzustreben. Ferner traten Aufklärer dafür ein, Folterungen und Hexenprozesse abzuschaffen sowie die Leibeigenschaft aufzuheben. Alle Heranwachsenden sollten das Recht auf Bildung haben, d. h. allgemeinbildende Schulen besuchen (dürfen). Auch in der Wirtschaft sollten Freiheiten bestehen, Gewerbefreiheit und Freihandel …

Die Aufklärung in England

Aufgabe 1: Individuelle Lösungen

Aufgabe 2: Individuelle Lösungen

Der Einfluss der Aufklärung auf die Entstehung der USA

Aufgabe 1: Die Menschen haben Rechte, die ihnen nicht weggenommen werden dürfen. Zu diesen Rechten gehören das Recht auf Leben, Freiheit sowie das Streben nach Glück. Regierungen haben die Aufgabe, für die Einhaltung der Rechte zu sorgen. Das Volk hat das Recht, eine Regierung abzusetzen, wenn diese den Bürgern die Verwirklichung der Rechte nicht ermöglicht.

Aufgabe 2: Gedanken und Zielsetzungen der Aufklärung schlugen sich im Staatsaufbau der USA u.a. dadurch nieder:

- An der Spitze des Staates stand kein König, sondern ein für einen Zeitraum von vier Jahren gewählter Präsident.
- In den USA bestand die Gewaltenteilung. Die Staatsgewalt war aufgeteilt in die Legislative (= Kongress …), Exekutive (= Präsident …) und Judikative (= Gerichte).

Lösungen

Die Aufklärung

Widerstand gegenüber und Kritik an der Aufklärung

Aufgabe 1:

		Richtig	Falsch
a)	Kritik an der Aufklärung gab es von Herrschern und Nichtherrschern.	X	
b)	An der Aufklärung wurde die Überbetonung der Gefühle kritisiert.		X
c)	Manche meinten, die Aufklärung würde nicht genug die Realität berücksichtigen.	X	
d)	Viele Nichtherrscher tadelten, die Forderungen der Aufklärer würden zu weit gehen.		X
e)	Andere Kritiker rügten die übergroße Aktivität der Aufklärer.		X

zu **b)**: An der Aufklärung wurde die Überbetonung der Vernunft kritisiert.
zu **d)**: Andere Kritiker tadelten, die Forderungen der Aufklärer würden nicht weit genug gehen.
zu **e)**: Kritisiert wurde auch, die Aufklärer seien nicht genügend handlungsaktiv, würden zu viel reden, aber danach nicht handeln.

Aufgabe 2: Individuelle Lösungen

Test /Arbeit zum Thema Aufklärung

Aufgabe 1: Individuelle Lösungen

(Aufgeklärter) Absolutismus im Heiligen Römischen Reich Deutscher Nation

Preußen

Aufgabe 1:

1. der Dreißigjährige Krieg
2. aus über 300 Einzelstaaten
3. das Herrschergeschlecht Hohenzollern
4. der Große Kurfürst Friedrich Wilhelm
5. das Herzogtum Preußen
6. vom westbaltischen Volk Prußen (= Pruzzen)
7. der Deutsche Ritterorden und Polen
8. absolutistisch
9. die merkantilistische Wirtschaftsform
10. Hugenotten

Aufgabe 2:

1. König von Preußen
2. die Künste und Wissenschaften
3. ein prunkvolles Leben mit der Verschwendung von viel Geld
4. ein sparsamer, anspruchsloser, frommer und strenger Herrscher
5. die Schulpflicht
6. „Soldatenkönig“
7. eiserne Disziplin

Der Lebenslauf des preußischen Königs Friedrich II. (= Friedrich der Große)

Aufgabe 1: a)

5	Dafür wurde Friedrich II. auf Befehl seines Vaters inhaftiert, der etwa 8 Jahre ältere Leutnant von Katte wurde wegen Beihilfe zum Fluchtversuch hingerichtet.
10	In diesem Schloss starb Friedrich II. im Jahr 1786.
7	Später lebte Friedrich II. mit seiner Ehefrau aber nicht zusammen, sie hatten auch keine Kinder miteinander.
1	Im Jahr 1712 wurde Friedrich II. als Sohn des preußischen Königs Friedrich Wilhelm I. geboren.
8	Nach dem Tod seines Vaters wurde Friedrich II. 1740 preußischer König.
2	In jüngeren Jahren versuchte Friedrich II., der sich sehr autoritären, militärischen Erziehung durch seinen Vater zu entziehen.
6	Nach einiger Zeit versöhnte sich Friedrich II. zumindest äußerlich mit seinem Vater und heiratete auf dessen Anordnung.
4	Als 18-Jähriger unternahm Friedrich II. einen gescheiterten Versuch, über Frankreich nach England zu flüchten.
9	Er ließ von 1745 - 1747 in Potsdam das Schloss Sanssouci (= französisch: ohne Sorgen, sorgenfrei) bauen, wo er sich während seiner 46-jährigen Regierungszeit hauptsächlich aufhielt.
3	Im Gegensatz zu seinem Vater interessierte sich Friedrich II. u.a. für Musik, Bücher, Tiere (vor allem Hunde) und befasste sich intensiv mit Ideen sowie Zielsetzungen der Aufklärung.

Lösungen

(Aufgeklärter) Absolutismus im Heiligen Römischen Reich Deutscher Nation

Der Lebenslauf des preußischen Königs Friedrich II. (= Friedrich der Große)

Aufgabe 1: b)

1. Im Jahr 1712 wurde Friedrich II. als Sohn des preußischen Königs Friedrich Wilhelm I. geboren.
2. In jüngeren Jahren versuchte Friedrich II. sich der sehr autoritären, militärischen Erziehung durch seinen Vater zu entziehen.
3. Im Gegensatz zu seinem Vater interessierte sich Friedrich II. u. a. für Musik, Bücher, Tiere (vor allem Hunde) und befasste sich intensiv mit Ideen sowie Zielsetzungen der Aufklärung.
4. Als 18-Jähriger unternahm Friedrich II. einen gescheiterten Versuch, über Frankreich nach England zu flüchten.
5. Dafür wurde Friedrich II. auf Befehl seines Vaters inhaftiert, der etwa 8 Jahre ältere Leutnant von Katte wurde wegen Beihilfe zum Fluchtversuch hingerichtet.
6. Nach einiger Zeit versöhnte sich Friedrich II. zumindest äußerlich mit seinem Vater und heiratete auf dessen Anordnung.
7. Später lebte Friedrich II. mit seiner Ehefrau aber nicht zusammen, sie hatten auch keine Kinder miteinander.
8. Nach dem Tod seines Vaters wurde Friedrich II. 1740 preußischer König.
9. Er ließ von 1745 bis 1747 in Potsdam das Schloss Sanssouci (= französisch: ohne Sorgen, sorgenfrei) bauen, wo er sich während seiner 46-jährigen Regierungszeit hauptsächlich aufhielt.
10. In diesem Schloss starb Friedrich II. im Jahr 1786.

Der aufgeklärte Absolutismus unter Friedrich II.

Aufgabe 1:

1. Friedrich II. regierte allein. Es bestand unter ihm keine Gewaltenteilung, wie sie der französische Philosoph Montesquieu gefordert hatte. In Preußen war die Staatsgewalt nicht in die Legislative, Exekutive und Judikative voneinander getrennt. Das Volk besaß keine Mitbestimmungsmöglichkeiten.
2. Er regierte nach dem Grundsatz „Alles für die Untertanen, aber nichts durch die Untertanen."
3. Ludwig XIV. herrschte nach dem Grundsatz „Der Staat bin ich!" Friedrich regierte nach dem Grundsatz „Alles für die Untertanen, aber nichts durch die Untertanen". Er sah sich als „Erster Diener des Staates".

Aufgabe 2: Individuelle Lösungen

Aufgabe 3: Durch Kriege dehnte Friedrich II. als König den Herrschaftsbereich Preußens aus. So kämpfte Preußen im Siebenjährigen Krieg (1756-1763) u. a. gegen Österreich. Friedrich II. war wesentlich beteiligt an der ersten Teilung Polens im Jahr 1772. Dadurch wurde Preußen noch größer. Preußen wurde unter Friedrich II. die fünfte Großmacht in Europa.

Aufgabe 4:

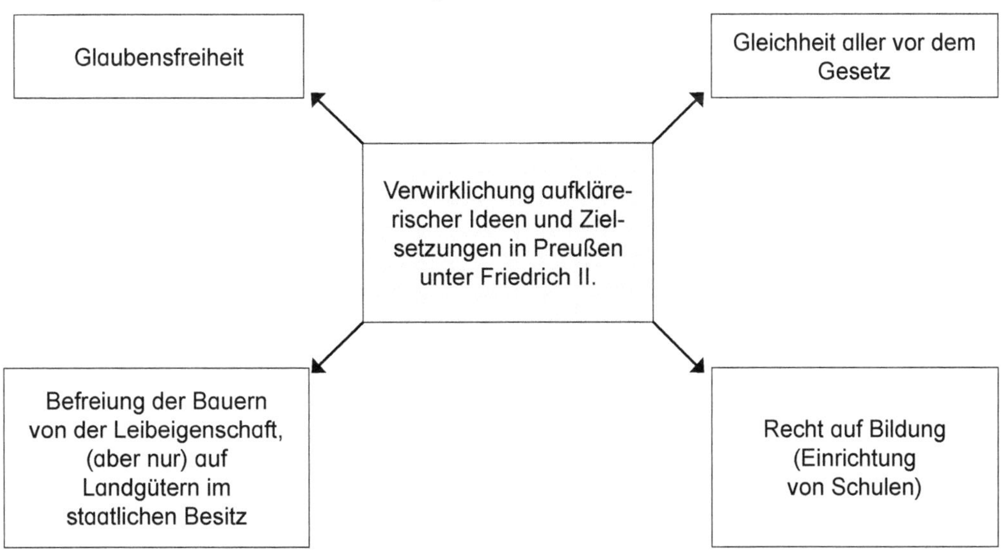

(Aufgeklärter) Absolutismus im Heiligen Römischen Reich Deutscher Nation

Der aufgeklärte Absolutismus unter Friedrich II.

Aufgabe 5:
1. Friedrich II. gibt vor, als 1. Diener seinem Staat zu dienen.
2. Auch die Bürger sind verpflichtet, vorrangig dem Staat zu dienen.
3. Gleiches Recht für alle gilt es zu schaffen.
4. In den Gerichten entscheiden Richter, die Herrscher sollen sich nicht einmischen.
5. Es erfordert besondere Fähigkeiten, Geld (Steuern) von den Staatsbürgern zu verlangen, ohne diese dabei (zu sehr) zu belasten.
6. Der König hat an erster Stelle seinem Volk dankbar zu sein.
7. Im Staat Friedrichs II. besteht Religionsfreiheit.
8. Friedrich II. gibt Türken die Möglichkeit sich in Preußen niederzulassen und ihren Glauben in Moscheen auszuleben.
9. Wer Gott vertraut, gewinnt mit dessen Hilfe Kriege gegen die stärksten Gegner.
10. Gegen Feinde setzt Friedrich II. alle Waffen ein, um sich zu verteidigen.

Aufgabe 6: Mögliche Lösung:

Pro-Argumente	Contra-Argument
• Friedrich II. sah sich als 1. Diener des Staates. • gewährte Religionsfreiheit, • trat ein für die Gleichheit aller vor dem Gesetz, • ließ Schulen bauen (Recht auf Bildung.), • trieb den Anbau von Kartoffeln als Nahrungsmittel voran	• Friedrich II. regierte allein, war ein absolutistischer Herrscher. • keine Gewaltenteilung im Sinne von Montesquieu, • Friedrich II. schränkte nicht die Privilegien der Adligen ein. • hob nicht die Leibeigenschaft der Bauern auf Landgütern auf, die sich im Besitz von Adligen befanden • Der Herrscher führte Kriege, um die Macht Preußens auszudehnen.

Die Herrschaft Josephs II. in Österreich

Aufgabe 1: Individuelle Lösungen

Test /Arbeit zum Thema aufgeklärter Absolutismus

Aufgabe 1: Individuelle Lösungen

Die Französische Revolution – Die Anfangsjahre 1789 - 1791

Geschichte live

Aufgabe 1: Individuelle Lösungen

Aufgabe 2: Auf dem Bild sind drei Personen zu sehen: ein Bauer, erkennbar an der Hacke. Seine Kleidung ist teilweise zerrissen. Auf seinem Rücken sitzen ein Geistlicher, zu erkennen an dem Kreuz, das er um seinen Hals trägt, und ein Adliger in einer Uniform und mit einem Federhut sowie einem Schwert. Der gebeugte Bauer steht für den dritten Stand, der Adlige für den zweiten Stand und der Geistliche für den ersten Stand. Auf dem Bild sind auch Hasen zu sehen, die Kohlköpfe fressen und Vögel, die Körner aufpicken. In der Karikatur wird kritisiert, dass der dritte Stand die komplette Last allein trägt, denn die meisten Steuern bezahlte der dritte Stand. Kritisiert wird, dass der erste und zweite Stand auf Kosten des dritten Standes leben, der dritte Stand aber so gut wie keine Rechte hat.

Lösungen

Die Französische Revolution – Die Anfangsjahre 1789 - 1791

Die Versammlung der Generalstände und der Schwur im Ballhaus

Aufgabe 1: **1.** Versailles; **2.** Frankreich; **3.** Abgeordnete; **4.** Bevölkerung; **5.** Steuererhöhungen, Hoffnung; **6.** Verfahren; **7.** Abstimmung; **8.** Anzahl, Einigung; **9.** Nationalversammlung; **10.** Ballhaus; **11.** Verfassung; **12.** Adlige

Aufgabe 2:
- **a)** Ludwig XIV. wollte die Zustimmung der Generalstände zu Steuererhöhungen erhalten.
- **b)** Individuelle Lösungen
- **c)** Zwischen den Generalständen kam keine Einigung darüber zustande, nach welchem Verfahren abgestimmt werden sollte.
- **d)** Im Ballhaus schworen die Abgeordneten des dritten Standes nicht eher auseinanderzugehen, bis es in Frankreich eine (neue) Verfassung gebe.

Der Sturm auf die Bastille

Aufgabe 1: Mögliche Lösung:

1. ... mit der Versammlung der drei Generalstände, mit dem Ballhausschwur und mit der Bildung der Nationalversammlung.
2. ... der französische König XVI. wolle die alte Ordnung wiederherstellen lassen.
3. ... sich die Aufständischen den Soldaten widersetzen.
4. ... als verhasstes Staatsgefängnis, als Symbol des Absolutismus.
5. ... die Bastille einzunehmen.
6. ... einige Mitglieder der Besatzung der Bastille um das Leben, sie wurden gelyncht.
7. ... erhoben ich in Frankreich in vielen Orten unterdrückte Franzosen.
8. ... wurden verwüstet oder sogar zerstört.
9. ... vernichteten Unterlagen, wonach sie zu Leistungen gegenüber Adligen und Geistlichen verpflichtet waren.
10. ... wurde zum französischen Nationalfeiertag.

Aufgabe 2: Mögliche Lösung:

Schon ab frühmorgens versammelten sich immer mehr Menschen des Dritten Standes auf den Straßen und Plätzen der Stadt. So manche Leute führten Waffen mit sich, die sie sich besorgt hatten. Die Empörung unter den Menschen war groß und nahm noch weiter zu. Sie befürchteten, Ludwig XVI. würde Soldaten zusammenziehen, um die alte Ordnung wiederherzustellen. Doch die Leute waren nicht gewillt, dies hinzunehmen.

Es bildete sich eine große Volksmasse, die sich auf den Weg zum verhassten Staatsgefängnis (Bastille) machte. Einer Masse von Leuten gelang es schließlich, im Laufe des Tages die Bastille in Besitz zu nehmen. Dabei kamen aber zahlreiche Menschen ums Leben. Die Wut vieler Angreifer richtete sich (auch) gegen die Besatzung der Bastille. Aufständische lynchten einige Mitglieder der Besatzung. In der Burg fanden die Aufständischen nur ein paar Gefangene vor. Trotz alledem: Viele Aufständische bejubelten und feierten die Einnahme der Bastille.

Ursachen der Französischen Revolution

Aufgabe 1: Nicht ein Grund allein, sondern zahlreiche Ursachen führten zur Französischen Revolution. Zur Französischen Revolution kam es zum einen durch die Armut des Volkes, aufgrund von Missernten und Hungersnot sowie bedingt durch die Unterdrückung besonders der Bauern. Demgegenüber besaßen die Angehörigen des ersten und zweiten Standes ganz viele Vorrechte. Häufig führten Adlige ein prunkvolles, verschwenderisches Leben. Diese Lebensführung trug wesentlich zum Frankreich drohenden Staatsbankrott bei. Der dritte Stand hatte bereits sehr hohe finanzielle Belastungen zu ertragen. Nun sollte der dritte Stand noch höhere Steuern zahlen. Im Weiteren hatte die Verbreitung aufklärerischer Ideen einen Anteil an der Entstehung und Entwicklung der Französischen Revolution. Auch strebten in Frankreich Bildungsbürger nach Mitbestimmung. Der erst jüngst gegründete Staat USA wurde für (so) manche Franzosen zum Vorbild.

Die Nationalversammlung

Aufgabe 1:
- **a)** 1.-g); 2.-d); 3.-j); 4.-b); 5.-a); 6.-h); 7.-c); 8.-i); 9.-f); 10.-e)
- **b)**
  1. Die Nationalversammlung berief sich auf die Volkssouveränität.
  2. Demnach ging die Staatsgewalt vom Volk aus.
  3. Als Vertretung des gesamten französischen Volkes verstand sich die Nationalversammlung.
  4. Sie arbeitete auf eine (neue) Verfassung für Frankreich hin.
  5. Dafür benötigte die Nationalversammlung aber noch längere Zeit.

KOHL VERLAG Vom Absolutismus zur Französischen Revolution – Bestell-Nr. 12 338

Lösungen

Die Französische Revolution – Die Anfangsjahre 1789 - 1791

Die Nationalversammlung

Aufgabe 1: **b)** **6.** Doch zunächst hob die Nationalversammlung die sehr vielen Privilegien (= Vorrechte) der Adligen und Geistlichen auf.
7. Die Aufhebung erfolgte in der Abend- und Nachtsitzung vom 4.8. zum 5.8.1789.
8. So wurden u. a. die Leibeigenschaft und Frondienste der Bauern abgeschafft.
9. Die Gerichtsbarkeit durch adelige Grundherren wurde verboten, auch die Käuflichkeit von Ämtern.
10. Alle Staatsbürger sollten gleich steuerpflichtig sein.

Die Menschenrechte

Aufgabe 1: Individuelle Lösungen

Frauen während der Französischen Revolution

Aufgabe 1: Frauen zogen von Paris aus zum Schloss Versailles. Sie veranlassten den König Ludwig XVI. dazu, die Beschlüsse der Nationalversammlung durch eine Unterschrift anzuerkennen. Zudem nötigten sie den König, mit seiner Familie vom Schloss Versailles in ein königliches Schloss in Paris umzuziehen.

Aufgabe 2: **a)** Individuelle Lösungen
b) Individuelle Lösungen

Erste politische Maßnahmen der Nationalversammlung

Aufgabe 1:

		Richtig	Falsch
a)	Im November 1789 wurde der Besitz der Kirche verstaatlicht.	x	
b)	Frankreich wurde in 97 Departements eingeteilt.		x
c)	Die französische Nationalflagge heißt auch „Multicolore“.		x
d)	Die Farbe Blau steht für das französische Königtum.		x

zu **b)**: Frankreich wurde in 83 Departements eingeteilt.
zu **c)**: Die französische Nationalflagge heißt „Tricolore“.
zu **d)**: Die Farbe Weiß steht für das französische Königtum, Rot und Blau für Paris.

Das Jahr 1791

Aufgabe 1: **a)** Ludwig XVI. ging es darum, sich und seine Familie im Ausland in Sicherheit zu bringen. Er setzte insbesondere auf die Hilfe Österreichs, von wo seine Ehefrau stammte. Durch ausländische Truppen sollte die Revolution in Frankreich niedergeschlagen werden.
b) Ludwig XVI. stand mit seiner Familie im königlichen Schloss (Tuilerien) in Paris von nun an unter ständiger Beobachtung und Bewachung. Das Ansehen des Königs in der Öffentlichkeit wurde immer geringer.

Aufgabe 2: Ludwig XVI. war sozusagen „gefangen“ wie in einem Käfig. Da er versucht hatte zu flüchten, wurde er in seinem Schloss in Gewahrsam genommen und beobachtet. Er hatte sein hohes Ansehen in der Öffentlichkeit verloren. Er wusste: Wenn er die Verfassung nicht unterschrieb, würde er als König vermutlich abgesetzt werden.

Aufgabe 3: **a)** In der Verfassung von 1791 waren die Menschen- und Bürgerrechte niedergeschrieben. Im Weiteren legte die Verfassung die Gewaltenteilung fest: Die Nationalversammlung übte die gesetzgebende Gewalt aus, der König auf oberster Ebene die ausführende Gewalt und Gerichte die richterliche Gewalt. Bezüglich Gesetze hatte der König ein aufschiebendes Recht zum Einspruch inne.
b) Individuelle Lösungen

Test/Arbeit zum Thema Französische Revolution (I)

Aufgabe 1: Individuelle Lösungen

Lösungen

Innen- und Außenpolitische Entwicklungen ab 1792

Frankreich im Krieg gegen Österreich und Preußen

Aufgabe 1:
1. eine Monarchie mit einer Verfassung (= konstitutionelle Monarchie)
2. Österreich und Preußen
3. die Französische Revolution niederzuschlagen
4. König Ludwig XVI.
5. Er sei ein Verräter.
6. das Schloss Tuilerien in Paris
7. zur Nationalversammlung
8. Die Nationalversammlung setzte Ludwig XVI. als König ab und ließ ihn in Haft nehmen.

Von der konstitutionellen Monarchie zur Republik

Aufgabe 1:

		Richtig	Falsch
1	Fanatische Königsanhänger begingen die „Septembermorde“.		X
2	An den „Septembermorden“ waren auch Sansculotten beteiligt.	X	
3	Die Sansculotten gehörten zu den unteren Schichten des französischen Volkes.	X	
4	An den Wahlen zum Nationalkonvent durften Männer erst ab 25 Jahren teilnehmen, die ein bestimmtes Mindesteinkommen hatten.		X
5	Sehr viele Wahlberechtigte nahmen ihr Stimmrecht bei den Wahlen zum Nationalkonvent wahr.		X
6	Nach langen Diskussionen löste der Nationalkonvent die Monarchie auf.		X
7	Aus Frankreich wurde noch im September 1792 eine Republik.	X	

zu **1**: Fanatische Anhänger der Revolution begingen die „Septembermorde“.
zu **4**: An den Wahlen zum Nationalkonvent durften Männer ab 21 Jahren ohne ein bestimmtes Mindesteinkommen teilnehmen.
zu **5**: Nur etwa 10 % der Wahlberechtigten nahmen ihr Stimmrecht bei den Wahlen zum Nationalkonvent wahr.
zu **6**: Gleich nach der Wahl löste der Nationalkonvent die Monarchie auf.

Die Hinrichtung des französischen Königs

Aufgabe 1: Auf dem Bild ist die Hinrichtung des französischen Königs Ludwig XVI. zu sehen. Durch die Guillotine wurde der Kopf des Königs von seinem Körper abgetrennt. Einer der Henker zeigt der zuschauenden Volksmenge den abgetrennten Kopf des Toten.

Die Nationalversammlung

Aufgabe 1: **Individuelle Lösungen**

Aufgabe 2:

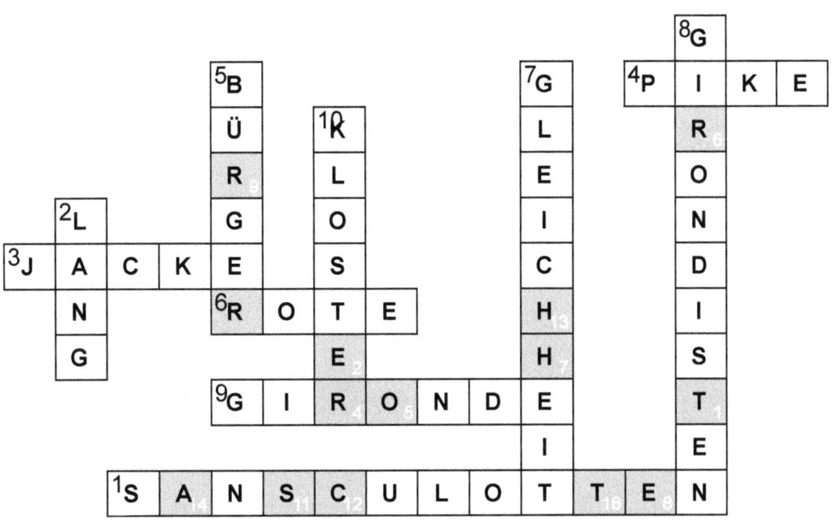

T E R R O R H E R R S C H A F T

KOHL VERLAG Vom Absolutismus zur Französischen Revolution – Bestell-Nr. 12 338

Innen- und Außenpolitische Entwicklungen ab 1792

Frankreich im Krieg gegen innere und äußere Feinde

Aufgabe 1: Das Revolutionstribunal war ein vom Nationalkonvent gegründeter Gerichtshof für Prozesse gegen politische Gegner der Französischen Revolution. Die Aufgabe des Wohlfahrtsausschusses bestand in der Kontrolle des Nationalkonvents und der Regierung.

Die Herrschaft der Jakobiner

Jakobiner gegen Girondisten

Aufgabe 1: Die Girondisten vertraten die Interessen des gehobenen Bürgertums. Den Jakobinern, die vor allem für die unteren Schichten eintraten, gingen die Forderungen der Girondisten nicht weit genug.

Aufgabe 2: Die Jakobiner hatten im Gegensatz zu den Girondisten radikale Vorstellungen von der Umsetzung der Revolutionsziele. Jeder, der nicht ihrer Meinung war, sollte beseitigt werden. So kam es, dass auch Leute, die die Revolution unterstützt und vorangetragen hatten, zu Opfern wurden.

Die Jakobiner übernehmen die Macht

Aufgabe 1: **a)**
- Verfassung – demokratisch;
- enthielt die Erklärung der Menschenrechte von 26.08.1789;
- Frankreich – Republik;
- Nationalkonvent – gesetzgebende Gewalt;
- Vollzugsrat – ausführende Gewalt;
- direktes Wahlrecht für alle Männer ab 21 Jahre in Bezug auf die Abgeordneten des Nationalkonvents;
- neue Gesetze durch Volksabstimmungen möglich.

b) Die Verfassung sollte erst in späterer Zeit, nach dem Sieg über die Feinde der Revolution in Kraft treten. Auch später wurde diese von den Jakobinern bestimmte Verfassung nicht gültig, denn die Jakobiner verloren ihre Macht und Herrschaft.

Aufgabe 2: Individuelle Lösungen

Die Terrorherrschaft unter den Jakobinern

Aufgabe 1: Individuelle Lösungen

Das Ende der Jakobinerherrschaft

Aufgabe 1: Individuelle Lösungen

Lösungen

Die Revolutionsjahre 1794 - 1799

Das höhere Bürgertum ist wieder an der Macht

Aufgabe 1:
- Freilassung der Gefangenen der Jakobiner;
- harte Strafen gegenüber Jakobinern, zahlreiche Hinrichtungen;
- Schließung aller Jakobiner-Clubs;
- Rückkehr von Girondisten in den Nationalkonvent;
- Aufhebung der Höchstgrenzen für die Kosten von Waren und Löhne;
- Privatisierung der meisten durch die Jakobiner verstaatlichten Betriebe;
- Wiedereinführung der freien Marktwirtschaft;
- erneutes Ausleben des katholischen Glaubens möglich.

Die französische Verfassung von 1795

Aufgabe 1:
1. Der Nationalkonvent entschied über die französische Verfassung von 1795.
2. An der Spitze der ausführenden Gewalt (= Exekutive) stand ein sich aus 5 Personen zusammensetzendes Direktorium.
3. Die Franzosen hatten gemäß der Verfassung von 1795 Rechte auf Freiheit, Gleichheit, Sicherheit und Eigentum.
4. Zu den Pflichten gehörte, sich gegenüber anderen Personen so (gut) zu verhalten, wie man von diesen Personen behandelt werden möchte.

Aufgabe 2: Der Aufbau des Staates Frankreich war durch die Gewaltenteilung geprägt. Das aus fünf Mitgliedern bestehende Direktorium übte auf höchster Ebene die ausführende Gewalt (= Exekutive) aus. Es beaufsichtigte die Verwaltung des Staates. Der Rat der 500 und der Rat der Alten (250 Mitglieder) hatten die gesetzgebende Gewalt (= Legislative) inne. Dem Rat der 500 oblag die Aufgabe, Gesetzesvorschläge zu machen und darüber zu beraten. Für Gesetze war die Zustimmung des Rates der Alten erforderlich. Der Rat der 500 schlug die Mitglieder des Direktoriums vor, der Rat der Alten ernannte sie. Der Hohe Justizhof (= 5 Richter) bildete auf oberster Ebene die gesetzgebende Gewalt (= Legislative). Gemäß der Verfassung von 1795 waren in Frankreich (nur) die Aktivbürger wahlberechtigt, d. h. Männer ab 21 Jahre, die eine bestimmte Mindesthöhe an Steuern zahlten. Die Aktivbürger wählten die Wahlmänner. Als Wahlmänner durften Männer ab 25 Jahre gewählt werden, die hohe Steuern zahlten. Die Wahlmänner wählten die Vertreter des Rates der 500, des Rates der Alten, leitende Beamte in den Departments sowie Richter und Geschworene.

Aufgabe 3: Individuelle Lösungen

Französische Soldaten im Kampf gegen ausländische Truppen

Aufgabe 1: **Individuelle Lösungen**

Innere Unruhen in Frankreich

Aufgabe 1: Aus Hungersnot erhoben sich in Paris die Sansculotten. Royalisten (= Königsanhänger) versuchten in Frankreich, die Macht zurückzugewinnen und die alte Ordnung wiederherzustellen. F. N. Babeuf plante mit Gleichgesinnten einen Umsturzversuch, um kommunistische Vorstellungen (Abschaffung des privaten Eigentums) zu verwirklichen. Jedoch scheiterten die Aufstände und Umsturzversuche.

Die Herrschaft des Direktoriums

Aufgabe 1: **Individuelle Lösungen**

Das Ende der Französischen Revolution

Aufgabe 1:
1. Die politischen Verhältnisse waren unsicher. Mit einem Aufstand von Neo-Jakobinern wurde gerechnet.
2. Napoleon Bonaparte wurde zum Oberbefehlshaber der militärischen Truppen in Paris ernannt.
3. Er hatte sich als Anführer französischer Truppen im Kampf gegen ausländische Soldaten, außerdem bei der Niederschlagung von Aufständen in Frankreich bewährt.
4. Napoleon Bonaparte ließ den Versammlungsort durch seine ihm ergebenen Soldaten umstellen.
5. Die Napoleon Bonaparte ergebenen Soldaten verjagten die Abgeordneten.
6. Er erhielt die Zustimmung zur Ernennung zum 1. Konsul und für die Auflösung des Direktoriums.

Aufgabe 2: Individuelle Lösungen

Aufgabe 3: Die (Große) Französische Revolution endete 1799 mit der Ernennung Napoleons zum 1. Konsul. Im Dezember 1799 erklärte er die Französische Revolution als beendet. Napoleon äußerte, nun müsse es in Frankreich Ruhe und Ordnung geben.

Test/Arbeit zum Thema Französische Revolution (II)

Aufgabe 1: Individuelle Lösungen

Lösungen

Die Französische Revoultion 1789 - 1799

Die Französische Revolution im Überblick

Aufgabe 1:

Zeitraum	1789 -1791
Überschrift	**Beginn und gemäßigte Phase der Französischen Revolution**
Wesentliche Ereignisse:	• Versammlung der Generalstände; • Ballhausschwur; • Sturm auf die Bastille; • Aufhebung der Vorrechte des 1. und 2. Standes; • Verkündung der Menschenrechte; • Zug der Frauen nach Versailles; • Trikolore = neue Nationalflagge; • gescheiterter Fluchtversuch Ludwig XVI. mit seiner Familie; • Frankreich wurde eine konstitutionelle Monarchie …
Zeitraum	1792-Juli 1794
Überschrift	**Radikale Phase der Französischen Revolution**
Wesentliche Ereignisse:	• Kämpfe Frankreichs gegen österreichische und preußische Truppen; • Erstürmung des königlichen Schlosses Tuilerien in Paris durch eine Volksmenge; • Umbenennung der Nationalversammlung in Nationalkonvent; • Frankreich wurde eine Republik; • Hinrichtung Ludwig XVI.; • Bildung des Wohlfahrtsausschusses; • Schreckensherrschaft der Jakobiner …
Zeitraum	August 1794-1799
Überschrift	**Endphase der Französischen Revolution**
Wesentliche Ereignisse:	• Freilassung von gefangenen Überlebenden der Jakobinerherrschaft; • Hinrichtung von Jakobinern; • Privatisierung von verstaatlichten Betrieben; • Aufhebung der Höchstpreise für Waren und Höchstgrenze für Löhne; • Wiedereinführung der freien Marktwirtschaft; • neue französische Verfassung (1795); • Ausübung der exekutiven Gewalt (= Regierung) durch das Direktorium; • Zurückdrängen ausländischer Truppen durch französische Soldaten; • Niederschlagung der Aufstände von Royalisten, Sansculotten … • Napoleon Bonaparte durch einen Staatsstreich 1. Konsul Frankreichs …

Die Bedeutung und Beurteilung der Französischen Revolution

Aufgabe 1: **Individuelle Lösungen**

Ein Tag in Paris während der Französischen Revolution (1789 - 1799)

Aufgabe 1 und 2: **Individuelle Lösungen**

Von A bis Z

Aufgabe 1: Mögliche Lösung:

A	Adel
B	Bastille, Brüderlichkeit
C	Christen(tum)
D	Direktorium
E	England, Enlightenment
F	Freiheit, Friedrich der Große
G	Gewaltenteilung, Gleichheit, Glorious Revolution, Girondisten, Guillotine
H	Hugenotten
I	Intendanten
J	Jakobiner
K	Kant
L	Ludwig XVI.

M	Merkantilismus, Montesquieu, Menschenrechte
N	Nationalversammlung, Napoleon
O	Österreich
P	Preußen
Q	Qualen
R	Rousseau, Republik, Robespierre
S	Stände, Sonnenkönig, Sansculotten
T	Trikolore
U	USA, Unabhängigkeitserklärung
V	Versailles, Voltaire
W	Wohlfahrtsausschuss
Z	Zensuswahlrecht